Ernest Lamé-Fleury

La Propriété souterraine en France

Essai

 Le code de la propriété intellectuelle du 1er juillet 1992 interdit en effet expressément la photocopie à usage collectif sans autorisation des ayants droit. Or, cette pratique s'est généralisée dans les établissements d'enseignement supérieur, provoquant une baisse brutale des achats de livres et de revues, au point que la possibilité même pour les auteurs de créer des œuvres nouvelles et de les faire éditer correctement est aujourd'hui menacée. En application de la loi du 11 mars 1957, il est interdit de reproduire intégralement ou partiellement le présent ouvrage, sur quelque support que ce soit, sans autorisation de l'Éditeur ou du Centre Français d'Exploitation du Droit de Copie, 20, rue Grands Augustins, 75006 Paris.

ISBN : 978-1987639322

10 9 8 7 6 5 4 3 2 1

Ernest Lamé-Fleury

La Propriété souterraine en France

Essai

Table de Matières

I. Les combustibles minéraux — 7

II. Les mines de houille — 42

III. L'industrie des combustibles minéraux — 85

IV. Le commerce des combustibles minéraux — 123

I. Les combustibles minéraux

Traiter de la propriété souterraine en France, c'est se proposer une tâche très complexe. La grande industrie qu'intéresse la situation faite à cette propriété appelle l'attention, non-seulement par l'importance des résultats, par la diversité des applications, mais aussi par les singulières difficultés administratives qui en ont presque partout accompagné le développement. Avant d'étudier sous ses formes variées le rude travail du mineur, c'est le théâtre même de l'exploitation, c'est le régime appliqué à la propriété souterraine qu'il importe de bien connaître.

Le principe de la propriété, si singulièrement mis en question, il y a quelques années, par certains novateurs de l'école socialiste, et si vigoureusement défendu par leurs adversaires, est devenu, depuis cette époque, l'objet des méditations d'un grand nombre d'esprits sérieux, qui en ont analysé l'origine et l'essence dans leurs conséquences les plus diverses. Ces études approfondies, où chacun apportait le tribut de ses appréciations personnelles, me paraissent avoir produit un utile résultat. Deux systèmes opposés, dont la lutte menaçait d'être violente, se trouvaient en présence : l'un rendait, dans un sens absolu, la possession de chaque chose dépendante de l'intérêt général; l'autre considérait l'intérêt public comme la réunion de tous les intérêts privés. On a reconnu que ces deux systèmes, qui ne sont nullement inconciliables, ont coexisté chez tous les peuples civilisés, à quelque période historique qu'ils appartinssent, et que les bases mêmes du droit civil en Europe n'ont fait que consacrer la légitimité de cette juxtaposition. En effet, s'il est permis à chacun d'acquérir et de posséder une portion de la propriété générale, ce n'est que sous la réserve d'en jouir selon certaines conditions, qui ne peuvent être contraires à l'intérêt public. De même l'intérêt général ne permet la disposition d'une portion quelconque de la propriété privée que pour cause d'utilité publique et moyennant une juste et préalable indemnité. Enfin, dans un très grand nombre de cas, on voit le pouvoir social s'attribuer, en vertu de simples lois de police, une action réellement dominatrice sur la jouissance de la propriété privée. Ces indications sur l'usage et l'exercice du droit de propriété sont aujourd'hui élémentaires : je ne m'y arrêterai point. Il suffit de rappeler la prépondérance que doit légitimement exercer dans une circonstance donnée l'intérêt général sur l'intérêt particulier, et à coup sûr ce principe ne saurait recevoir une application mieux justifiée par les exigences spéciales de la mise en œuvre que relativement à la propriété minérale.

Ceux-là même qui n'ont jamais visité une exploitation souterraine ont pu, s'ils ont parcouru pendant l'exposition universelle de 1855 l'annexe du palais de l'industrie, se faire l'idée d'une mine, « cet édifice immense caché sous la terre, » — pour employer une heureuse expression de Mirabeau. Ils ont vu le curieux spécimen qu'avait envoyé la compagnie concessionnaire des mines d'Anzin, — celles d'ailleurs, par une coïncidence digne de remarque, qui étaient toujours citées, dans les discussions législatives sur la propriété souterraine, comme un exemple des sacrifices de temps et d'argent qu'exige l'établissement des entreprises de cette nature. Ils ont donc pu juger des travaux immenses, des machines coûteuses que nécessite parfois l'exploitation d'une mine. Si, évaluant les capitaux considérables que réclament le creusement des puits, le percement des galeries, le remblai des excavations, le boisage qui soutient l'édifice, l'achat du matériel de toute espèce, ils ont en outre réfléchi au caractère particulier des substances minérales, qui, déposées une fois pour toutes par la nature dans le sein de la terre, ne s'y reproduisent plus; s'ils ont songé à l'influence de ces substances sur l'industrie de l'homme; s'ils ont compris l'importance qu'il y a dès-lors pour la société, par cette double considération, à retirer des profondeurs du globe la plus grande partie possible du produit des mines, les visiteurs auront, sans contredit, tranché spontanément la question si controversée, dans les régions théoriques, de l'attribution de la propriété souterraine. Ils auront reconnu que toutes ces conditions de dépôt unique et précieux, de rareté, d'utilité, de difficulté d'extraction, indiquent forcément un système réglementaire tout différent, quant au principe fondamental, de celui auquel sont assujettis les biens ordinaires; qu'il faut absolument que les richesses minérales soient avant tout aménagées pour le plus grand intérêt de la société; que le droit d'user doit être limité par les conditions essentielles dans lesquelles il s'exerce, et que le droit d'abuser, s'il n'avait pas d'ailleurs disparu de nos codes, ne serait point admissible ici. En un mot, convaincus que le droit naturel doit s'effacer devant le droit public,

I. Les combustibles minéraux

par suite de la liaison nécessaire qui doit exister entre le caractère légal et le caractère technique de ce bien d'une nature spéciale, ils seront amenés à cette conclusion, — qui ressort, à presque toutes les époques, de la législation de presque tous les peuples, — que les mines doivent être considérées comme des propriétés *publiques*.

Tel est aussi, on va le voir, le système qui a généralement prévalu à l'égard de la propriété des mines. Deux autres systèmes ont, il est vrai, trouvé et trouvent encore leurs partisans. L'un est celui dont les défenseurs inscriraient volontiers sur leur drapeau ces paroles de Heurtault-Lamerville, député du Cher à l'assemblée constituante : « Il faut que le plus petit propriétaire français, délivré des fers féodaux, soit libre dans tout l'espace perpendiculaire à sa propriété, depuis la région des airs jusqu'au centre de la terre [1]. » Pour eux, c'est attaquer le droit de propriété dans son essence que de vouloir le réduire à la simple superficie du fonds; c'est une doctrine sacrilège que de priver le propriétaire d'un revenu sur lequel il a dû compter. Les défenseurs de la propriété individuelle semblent alors oublier que, sauf dans quelques rares régions, où le fonds et le tréfonds sont réellement distingués pour les transmissions du sol, ce propriétaire ignore le plus souvent, au moment de l'acquisition, si son terrain recèle ou non une richesse qui attend encore son maître, — richesse que rien n'indique généralement à la superficie, même à l'œil du géologue le plus exercé, qui, lorsqu'elle se montre au jour, s'enfonce bientôt dans la terre, et dont l'exploitation ne doit point être commencée par la partie supérieure. Ils ne veulent pas convenir que, si le possesseur du sol peut seul mettre en valeur la propriété souterraine, celle-ci courra grand risque d'être immobilisée, quand elle ne sera pas gaspillée. Il est évident en effet que l'étendue nécessaire à l'exploitation d'un gîte minéral ne correspondra qu'exceptionnellement à la superficie d'une seule propriété. A cette objection fondamentale ils répondent que l'association est un remède tout trouvé pour un mal peu probable, — comme si, dans l'état de division de la propriété en France, où l'étendue moyenne est, dit-on, de neuf hectares, la réunion de tous les propriétaires (car le refus d'un seul empêcherait toute entreprise commune) ne dût pas être fort difficile au point de vue du terrain, et probablement irréalisable au point de vue pécuniaire. Le morcellement du sol, qu'on regarde comme un obstacle aux progrès de l'agriculture et dont on se préoccupe tellement qu'il est interdit par le législateur dans quelques contrées de l'Europe, aurait certainement une influence désastreuse sur l'exploitation des mines. Concluons plutôt avec Mirabeau, contre Adam Smith, Merlin, J.-B. Say, qu'il « est impossible, dans une telle question d'intérêt général, de se reposer uniquement sur l'intérêt des propriétaires du sol et de courir toutes les chances de leur paresse, de leur ignorance ou de la faiblesse de leurs moyens. »

Dans un système intermédiaire, fort préconisé par Turgot, à propos d'un avis qu'il avait eu à donner au conseil d'état comme intendant de la généralité de Limoges [2], les mines seraient à celui qui les découvre; elles seraient attribuées au premier occupant, en vertu de ce droit qui n'est jamais reconnu qu'une fois, à l'origine d'une société, et s'efface ensuite devant les règles que trace le droit public. Certes, en pareille matière, il faut tenir grand compte de l'inventeur, bien que le hasard ne préside que trop souvent à la découverte des mines. Il faut que ses droits réels soient rémunérés par la société, qui lui doit le prix d'un service rendu, qu'il soit payé des études auxquelles il a pu se livrer, des avances qu'il a pu faire, et maintenant la législation française y pourvoit d'une manière rationnelle; mais il est impossible d'attribuer les mines au premier occupant, sous peine d'ériger, pour ainsi dire, en principe une guerre continuelle et souterraine entre les mineurs qui attaqueraient le même gîte, — lutte qui deviendrait une source interminable de chicanes, au sujet notamment de cette qualité même de premier occupant. Turgot complétait sa théorie en disant que personne n'a le droit d'ouvrir la terre dans le champ d'autrui sans le consentement du possesseur, mais que chacun a le droit d'y pousser des galeries souterraines, en prenant toutes les précautions nécessaires pour ne pas endommager le champ. En se faisant l'apologiste d'un pareil système, qui n'est séduisant qu'en apparence, et en repoussant les raisons alléguées en faveur du système de la propriété publique des mines, comme ressemblant beaucoup à celles alléguées en faveur des monopoles de toute espèce, Turgot n'oubliait qu'une chose : c'est la nature toute particulière de la propriété souterraine; or cette nature, il ne faut pas le perdre de vue, doit dominer complètement la question.

Montrer ce qu'a été cette propriété aux différents âges,

I. Les combustibles minéraux

particulièrement dans notre pays, ce sera peut-être apporter à la discussion encore aujourd'hui pendante un élément utile, et à coup sûr peu connu. Une série de travaux sur l'industrie minérale de la France n'a-t-elle pas pour introduction obligée une récapitulation rapide des lois qui ont régi successivement l'extraction de ces produits naturels qui jouent un si grand rôle dans la civilisation moderne, et que l'on ne considère presque toujours qu'au moment où ils deviennent, par les conquêtes incessantes de la science, les instruments les plus actifs de la prospérité d'un pays? N'est-il pas intéressant de connaître les soins qu'a toujours et partout pris le pouvoir public pour provoquer la production de ces richesses sociales?

Les ressources minérales de la France comprennent à peu près exclusivement la houille et le fer, ces deux éléments essentiels de la paix et de la guerre, qui rappellent tout de suite l'idée de la vapeur, la source de cette force motrice dont la manifestation la plus frappante est de tendre, avec l'électricité, par l'anéantissement des distances, à changer en peu de temps la face du globe. Bien que riche en dépôts métallifères, notre territoire n'offre encore qu'un petit nombre d'exploitations de métaux autres que le fer, exploitations d'ailleurs peu considérables. D'importantes mines de sel gemme et des sources d'eau salée, situées principalement dans l'est de la France, concourent, avec les marais salants et les laveries de sable de plusieurs départements maritimes, à la production du sel, cette denrée si essentielle à la vie. Rappeler les conditions économiques et industrielles de l'extraction et de l'emploi de ces diverses substances minérales ; indiquer les renseignements statistiques propres à faire apprécier l'importance relative de la production et de la consommation des produits minéraux dans notre pays; donner une idée des travaux souterrains que nécessite l'exploitation d'une mine, des conditions de tout genre auxquelles il importe de satisfaire pour la sécurité et l'hygiène des ouvriers, comme des accidents auxquels ceux-ci sont exposés; résumer l'organisation et le rôle de l'administration spéciale chargée de surveiller, de diriger au besoin l'industrie minérale, tel est le plan d'un ensemble d'études qui a pour préambule naturel, nous l'avons dit, l'examen succinct de la législation souterraine [3].

S'il est impossible d'indiquer, même approximativement, la valeur totale créée par toutes les branches, sans exception, de l'industrie soumise à cette législation, il est du moins facile, au moyen du dernier *résumé* des travaux statistiques de l'administration des mines, de donner par quelques chiffres une idée de l'importance actuelle de la propriété souterraine, à l'exploitation de laquelle 180,000 ouvriers environ sont occupés en France.

Il n'y a, d'après les derniers documents officiels, que vingt-sept de nos départements qui soient dépourvus de mines. Tous les autres contiennent au moins du minerai de fer utilement exploitable. Quarante-cinq renferment des mines de charbon. Sur les 79,585,200 quintaux de houille consommés par la France en 1852, 49,039,258 ont été produits par les mines nationales, et représentent une valeur de 46,751,806 francs. Ces mines avaient employé 35,381 ouvriers, dont les salaires se montaient à 19,874,688 francs [4].

L'extraction du minerai de fer avait produit, à l'époque où nous place le dernier *résumé* administratif, 20,806,334 quintaux métriques, évalués à 7,717,046 francs; elle avait donné du travail à 11,611 ouvriers, qui avaient gagné ensemble 4,203,455 francs.

La production du sel, sans distinction d'origine, n'atteignait qu'à 4,280,876 quintaux métriques, dont la valeur totale était de 7,833,099 francs; le nombre d'ouvriers occupés était de 15,864.

En groupant quelques-uns de ces chiffres, on peut vérifier immédiatement ce que nous avons dit du caractère particulier de la richesse minérale de la France. L'exploitation du charbon minéral, du minerai de fer et du sel crée une valeur totale de 62,301,951 fr. et occupe 62,856 ouvriers. Quant aux mines de métaux autres que le fer, elles donnent les résultats suivants : 2,103 ouvriers seulement ont concouru à une production dont la valeur n'est que de 1,398,728 francs, et la somme des salaires auxquels elle correspond est de 685,505 francs. J'ajouterai enfin, pour ne passer sous silence aucune branche de l'industrie des mines, que le bilan se complète par une mine de graphite et sept mines de bitume produisant, réunies, une valeur de 358,227 francs.

L'exploitation de la propriété souterraine prend d'ailleurs dans notre pays des développements qu'il importe de constater. En 1852, il y avait en France 448 concessions de mines de charbon, 177 de mines de fer, et 199 de mines de substances diverses. Au

31 juillet 1854, un rapport émané de l'administration des mines constatait 158 nouvelles demandes de concessions ou en extension de concessions, savoir : 49 de mines de charbon, 45 de mines de fer, 42 de mines de métaux autres que le fer, de sel, soufre, etc. Ces chiffres suffisent pour indiquer la situation présente de la grande industrie dont l'histoire et les applications actuelles devront successivement appeler notre attention.

I. — PRINCIPE FONDAMENTAL DE LA LÉGISLATION MINÉRALE CHEZ TOUS LES PEUPLES. — RÉGIME DE LA PROPRIÉTÉ SOUTERRAINE EN FRANCE AVANT LA RÉVOLUTION.

La liaison intime des métaux avec les premiers besoins de l'homme prouve, sans aucun doute, que l'origine de l'art des mines se perd dans la nuit des temps. Chez les peuples anciens toutefois, on trouve rarement des dispositions réglementaires bien précises sur la propriété des substances minérales. Avec les temps du moyen âge commence vraiment ce qu'on peut nommer l'ère historique de la législation des mines, et c'est en Allemagne surtout qu'on peut en étudier la naissance. Les plus anciens monuments législatifs de ce pays ne constatent guère, avant le XIe siècle, l'usage du droit régalien; mais il est permis de conclure de ces monuments mêmes qu'antérieurement à cette époque, le droit d'exploitation des gîtes minéraux était l'objet de concessions émanées des pouvoirs publics ou des seigneurs terriens. Il est d'ailleurs naturel de supposer que, durant la période du moyen âge, où la société tout entière reposait sur l'institution de la féodalité, les concessions de mines, comme toute autre valeur territoriale ou industrielle, étaient abandonnées en fiefs aux sujets ou aux vassaux, moyennant certaines conditions de service personnel ou de rétribution pécuniaire.

Quoi qu'il en soit, on doit reconnaître, à travers cette multitude de coutumes locales qui, combinées avec l'introduction du droit romain, devinrent plus tard en Europe l'origine du droit administratif, que l'autorité souveraine n'a jamais cessé d'exercer en Allemagne une action directe et régulatrice sur l'exploitation des produits minéraux, considérés comme faisant partie de la fortune publique. Cette action, émanée assez confusément du souverain, regardé tantôt comme chef de l'état, tantôt comme propriétaire, revêtira des formes multiples; mais elle existera toujours. Tantôt les mines seront exploitées en totalité par une administration publique, par le gouvernement seul ou associé avec des compagnies, ou encore affermant les gîtes d'une certaine nature; tantôt elles seront louées en totalité, concédées moyennant un impôt et des obligations plus ou moins pesantes; tantôt enfin elles seront, pour ceux qui s'en occuperont, la source de privilèges spéciaux destinés à les encourager.

Il semble en définitive que les trois systèmes de propriété souterraine viennent se classer rationnellement, par la seule force des indications historiques, dans cette Allemagne où les richesses minérales occupent une si grande place. Plus on remonte dans le passé, plus une législation doit être simple; aussi n'existe-t-il d'abord que le droit du premier occupant. Quand les idées de propriété tendent à se développer par les bienfaits d'une civilisation naissante, ce système disparaît naturellement devant celui de la propriété privée. Enfin, lorsque les conditions essentielles d'une bonne exploitation des substances minérales commencent à se faire jour, les mines deviennent des propriétés publiques, et toutes ces législations, uniformes quant au principe général, différentes suivant les idées locales quant aux applications, viennent aboutir à un mode souvent très compliqué d'administration et de juridiction, qui subsiste encore aujourd'hui en partie, notamment en Prusse et en Bavière [5]. Quant au droit du propriétaire du sol, il est parfois nul, comme en Autriche et en Hongrie; parfois aussi il est représenté par une fraction du profit, sans aucune charge comme en Bohême, avec des servitudes diverses comme en Saxe.

En poursuivant cet examen succinct des principes qui régissent les législations étrangères, on n'arrive point à une conclusion différente. En Suède et en Norvège, les mines sont toutes des propriétés de la couronne; mais la liberté d'exploitation n'y est restreinte que par des formalités réglementaires. En Russie, après bien des tergiversations, la législation allemande a fini par être imitée en grande partie. En Angleterre, le droit de fouille, qui s'appelle *royalty*, indique, par ce nom même, qu'il émane primitivement du souverain; mais il a bientôt dégénéré, hormis

I. Les combustibles minéraux

pour les mines d'or et d'argent, par suite du système exagéré de liberté industrielle dont jouissent nos alliés d'outre-Manche, et il n'est guère limité pour les propriétaires du sol que par le paiement d'un impôt, sauf pour les mines d'étain des provinces de Cornwall et de Devon et les mines de plomb du comté de Derby, assujetties à des règlements particuliers : ailleurs on ne trouve que des dispositions fiscales ou de police.

Dans notre pays enfin, où nous ramène le plan de cette étude, l'histoire de la législation souterraine présente trois phases bien nettes : une longue série de tâtonnements, qui ne se termine qu'en 1791; — une époque de perfectionnement, qui n'a pas duré une vingtaine d'années, mais qui prouve une fois de plus qu'il faut presque toujours, comme le disait ici même M. Michel Chevalier, remonter à l'assemblée constituante pour découvrir l'origine des grandes améliorations introduites dans l'administration de la France depuis 1789; — la période actuelle, qui s'ouvre par la loi fondamentale du 21 avril 1810. En tout temps, cette législation particulière oscille autour du droit régalien, non pas du droit que Louis XIV s'attribue dans ses instructions au dauphin, lorsqu'il dit : dans l'état, tout est à moi; mais, pour en emprunter la définition au savant Héron de Villefosse, de «ce droit que se réserve l'état entier, représenté par le souverain, de disposer de la propriété souterraine comme d'une propriété publique, indépendante de la propriété privée du terrain qui la recèle, et d'en disposer pour le plus grand avantage de la société. » Telle a été, à toute époque, la base de la législation minérale en France, base plus ou moins respectée sous l'ancien régime, plus ou moins franchement avouée sous l'empire de la loi de 1791, plus ou moins timidement proclamée par la loi de 1810, mais base toujours existante de la pratique essentielle de cette branche importante du droit administratif, u Les formes de la législation ont souvent varié, disait, il y a plus de vingt ans, le regrettable M. Migneron, qui a été pendant longtemps l'une des lumières du conseil-général des mines; mais on peut, quant au fond, la résumer dans la triple attribution qu'elle conférait au prince : 1° de régler la destination de la propriété souterraine, ou, en d'autres termes, de pourvoir du privilège de l'exploiter les personnes qui pouvaient le mieux le mettre en valeur; 2° d'en surveiller l'exploitation dans ses rapports avec l'ordre public, avec la conservation du sol et avec la sûreté des ouvriers mineurs; 3° de percevoir un certain tribut sur les produits qu'en obtenait l'exploitant. »

Le plus ancien des actes souverains sur la propriété des mines qui soit aujourd'hui connu est l'ordonnance du 30 mai 1413 [6], purement et simplement confirmée par Charles VII (1437), Charles VIII (l483), Louis XII (1498) et François Ier (1515). Charles VI y affirme énergiquement son droit régalien [7]; il prend tous les mineurs sous sa protection spéciale, les exempte d'impôts, leur permet de « quérir mines par tous lieux. » Mais la première phase de l'ancienne législation minérale n'est pas seulement caractérisée par l'ordonnance de Charles VI; elle comprend en outre un édit de Louis XI, infiniment plus intéressant à tous les points de vue. Cet édit (septembre 1471) est en effet, chronologiquement, le premier des actes royaux sur les mines qui ait été enregistré par les parlements (l475), et, tel qu'il est appliqué après les modifications subies lors de cette formalité, il semble réellement contenir en germe quelques-unes des dispositions essentielles des lois de 1791 et de 1810. « On est frappé, disait justement M. Vigneron, qui a le premier fait cette observation, on est frappé de la conformité des vues d'après lesquelles certaines questions ont été décidées à deux époques séparées l'une de l'autre par un intervalle de plus de trois siècles et demi. » Cependant, bien qu'enregistré par deux parlements (ceux de Paris et de Toulouse), et malgré une valeur réglementaire fort remarquable, l'édit de Louis XI n'en a pas moins été l'objet d'oublis singuliers : Charles VIII, Louis XII et François Ier n'y font aucune allusion. Un très ancien code des mines ne le reproduit point. Louis XI de son côté, il est vrai, ne mentionne pas les ordonnances de Charles VI et de Charles VII; il va même, en constatant le chômage des mines du royaume, jusqu'à l'attribuer au « défaut d'édits, constitutions et ordonnances convenables et nécessaires pour l'entretènement des mines. »

Louis XI voulait diminuer le dommage causé par l'infériorité dans laquelle se trouvait en France, vis-à-vis des pays voisins, l'exploitation des mines. L'un de ses moyens pour encourager cette industrie fut une exemption absolue des impôts ordinaires, durant vingt ans, pour tous ceux, étrangers ou régnicoles, qui s'adonneraient directement ou indirectement à l'art des mines.

I. Les combustibles minéraux

Les étrangers étaient surtout l'objet des plus grandes avances : une multitude de franchises leur étaient accordées, notamment le droit de tester et d'hériter; leur liberté était garantie, même pendant les guerres qui pouvaient s'élever entre la France et les pays où ils étaient nés, et ils pouvaient s'en retourner avec le congé du roi, après avoir prêté serment de ne rien faire de préjudiciable à lui ni au royaume. Ce règlement ne produisit pas les effets qu'on était en droit d'en attendre, et Henri II, dans des lettres du 10 octobre 1552, — où apparaît la première mention, par un acte souverain, de l'édit de Louis XI, — constate que « peu de profit et d'avancement en serait provenu. » Il convient de tenir compte aussi des longues guerres qui avaient marqué les règnes de Louis XII et de François Ier.

Avec le règne de Henri II commence la seconde phase de la législation minérale sous l'ancienne monarchie française. Jusqu'alors avait existé une liberté absolue d'exploiter les mines; pendant la seconde moitié du XVIe siècle, un privilégié obtiendra la concession temporaire de toutes les mines du royaume. Dès 1548, Henri II concède pour neuf années, en l'exemptant pendant cinq ans de tout droit de décime régal, à Jean-François de La Roque, chevalier, seigneur de Roberval, le droit de « profonder, chercher et ouvrer toutes et chacunes les mines, minières et substances terrestres, tant métalliques que autres, précieuses ou non précieuses, et de toutes autres choses qu'il pourra trouver en toutes et chacunes les terres de sondit royaume. » Roberval a le droit de prendre des associés, même étrangers, et jouit d'ailleurs, lui et les siens, de toutes les franchises accoutumées. Les régnicoles sont considérés comme ne dérogeant pas à leurs droits et privilèges de noblesse, dignités ou états, par leur immixtion dans l'exploitation des mines. Comme dans tous les historiques de cette époque d'enfance économique et industrielle, l'étranger continue à jouer un rôle important. Lorsque Roberval sollicita, en 1552, une amplification de privilèges, il fit remarquer que ceux qu'il avait obtenus étaient insuffisants pour attirer les étrangers ou leurs capitaux, et plaida la nécessité d'empêcher que les pays voisins, par l'importation de leurs richesses minérales de toute nature, ne prélevassent sur la France tout le profit que pouvait y donner la vente des marchandises. Ce raisonnement fut goûté par

Henri II, qui, dans les lettres patentes déjà mentionnées, attribue à l'industrie minérale une notable influence, et y voit le moyen d'empêcher que « lesdits étrangers aient plus aucun moyen de ainsi sucer la substance de ses dits sujets, comme ils ont par ci-devant fait. »

Roberval fut en outre autorisé à ériger un marché franc sur ses mines en exploitation, ou en tout autre endroit qu'il lui serait commode, à la seule condition qu'il n'y eût pas de marché le même jour dans un rayon de trois lieues. Il pouvait prendre partout, pour les besoins de cette exploitation, les arbres qui lui convenaient, gratuitement dans les pays peu fertiles, et ailleurs moyennant une indemnité raisonnable. Si ces arbres avaient été vendus à des marchands, ils leur étaient retirés en échange du prix que ceux-ci avaient payé; il était même défendu à tous les propriétaires de bois du royaume « de construire aucune usine, ni choses semblables qui font dégât de bois, à six lieues des mines. » Enfin, — ce qui explique et justifie le nom de petit tyran donné à Roberval par l'auteur des *Anciens Minéralogistes*, — ce concessionnaire général reçut le pouvoir exorbitant de rendre la justice, tant au civil qu'au criminel, pour le fait desdites mines, « en s'adjoignant six hommes de justice, avocats ou conseillers, et trois mineurs notables. » L'appel des jugements de cette sorte de conseil de prud'hommes n'était suspensif que lorsqu'ils entraînaient la mort ou la question. Roberval avait encore le pouvoir de faire des règlements — sous l'approbation du conseil privé du roi, mais exécutoires par provision. Il avait le droit de construire maisons fortes et prisons partout où cela lui semblait nécessaire à la sûreté des personnes et des choses et à l'emprisonnement des délinquants. Tous les mineurs avaient la faculté de porter toutes armes, tant défendues que non défendues.

Ces privilèges excessifs devaient évidemment soulever de grandes résistances; ils donnèrent particulièrement lieu à une protestation des gens du roi, conçue dans ce style à formes bizarres qu'affectionnait quelquefois le parlement de Paris. Il leur sembla que « la matière était sujette à faire remontrances au roi, parce que, par icelles lettres, le roi fait ledit Roberval chef et capitaine général des mines de son royaume, pays, terres et seigneuries de son obéissance, lui baille pouvoir *ubique terrarum* fouiller et fait défenses à tous ses sujets d'empêcher ledit Roberval; trouvent cela de grandes conséquences, *nam multi vellent* se réduire à ce que l'on ne fouille point en leurs terres ou héritages pour voir s'il y a mines. » (20 juillet 1553; *mane.*) [8].

Les trois fils de Henri II maintinrent le système de leur père. En 1560, François II transporta à Claude de Grippon de Guillien, écuyer, seigneur de Saint-Julien, tous les privilèges précédemment concédés à Roberval, en constatant que l'exploitation des mines n'avait fait aucun progrès, mais en n'attribuant qu'aux guerres cette fâcheuse torpeur. En 1561, Charles IX confirma Saint-Julien dans ces mêmes privilèges; puis il les transporta, en 1568, à Antoine Vidal, seigneur de Bellesaigues, receveur général des finances à Rouen, qui fut maintenu en possession par Henri III. En définitive, ce système de concession générale ne porta aucun fruit. Henri II et ses successeurs n'avaient emprunté à Louis XI son idée d'un grand-maître des mines que pour la dénaturer. Louis XI avait voulu visiblement instituer un *fonctionnaire* supérieur, dans le sens moderne du mot, et lui donner, indépendamment d'attributions à la fois judiciaires et fiscales, finalement très complexes, un rôle technique et administratif fort remarquable pour l'époque. Henri II et ses fils, malgré le titre de grand-maître, gouverneur-général et surintendant des mines et minières de France, qu'ils laissèrent prendre à Roberval, Saint-Julien et Bellesaigues, n'eurent toujours qu'un fermier.

Du reste, telle était la confusion qui régnait alors dans toutes les branches de l'administration française, que, pendant la plus grande partie de la seconde phase de l'ancienne législation, il y eut un véritable parallélisme entre deux séries de concessionnaires généraux. J'ai montré Roberval, Saint-Julien et Bellesaigues se succédant régulièrement. En 1562, Charles IX, — qui, six années plus tard, ne fera aucune allusion à cette provision anticipée d'un office dont il pourvoit Bellesaigues, — prenant en considération l'expérience minéralogique d'Etienne de Lescot, capitaine de marine, lui concède, pour en jouir après l'expiration de la concession de Saint-Julien et aux mêmes conditions, le droit de mettre en œuvre toutes les mines et minières du royaume. En 1577, Henri III continue ce droit à Lescot et le transporte, au bout de trois ans, à Antoine Collonges, marchand lyonnais, son associé; enfin il maintient, en 1588, François de Troyes, seigneur de la Féraudière, contrôleur-général des traites domaniales, comme successeur de Lescot, dans la charge de général et superintendant des mines et minières de France; Henri III ne parle pas plus désormais de Roberval, Saint-Julien et Bellesaigues qu'il ne prononce, en 1574, le nom de Lescot. « L'ambition, l'avarice et l'intrigue des courtisans, dit l'auteur des *Anciens Minéralogistes*, étaient la cause secrète de tant de changements dans les chefs des mines. »

La transition naturelle entre la deuxième et la troisième des phases qui divisent la période la plus ancienne de l'histoire de la législation souterraine est marquée par un premier édit de Henri IV (janvier 1597), document peu connu et qui ne mérite pas de l'être. C'est le célèbre édit de juin 1601 qui fixe la part spéciale du règne de Henri IV dans l'histoire de la propriété souterraine. Cet acte, qui confirmait naturellement les ordonnances antérieures, particulièrement en ce qui concerne les privilèges accordés de tout temps aux mineurs, régnicoles ou étrangers, est caractérisé par deux faits importans : une suppression de l'impôt régalien, à titre d'encouragement, pour certaines substances minérales à l'égard de quelques-unes desquelles il n'a jamais été rétabli, — puis la création d'une administration publique agissant sur l'aménagement des mines, faisant les règlements qui lui semblaient utiles, et s'occupant en outre activement de la perception du droit de dixième, sur les fonds duquel les officiers des mines recevaient des gages fixes et des frais de tournées. Ce premier règlement fut complété, en 1604, par un arrêt du conseil, où, à côté de prescriptions de police souterraine qui ont été maintenues dans la législation actuelle, à côté de garanties de propriété empreintes de l'esprit moderne, on est étonné de trouver une mesure aussi barbare que celle-ci : « Et pour ce qu'aucuns des ouvriers... sont coutumiers d'user de blasphèmes et s'adonnent souvent à jeux illicites, dont sortent débats et querelles entre eux, afin de les en détourner par la crainte du châtiment, seront, es lieux où lesdits ouvriers travaillent, mis des carcans, estrapades et autres représentations patibulaires de justice, et par effet les délinquants punis à la rigueur des ordonnances et jugement du grand-maître et superintendant général desdites mines..... » Par compensation, le trentième du produit net de chaque mine devait être versé dans une caisse spéciale « pour l'entretènement d'un ou deux prêtres, selon qu'il en sera besoin, tant pour dire la messe à l'heure qui sera réglée tous les dimanches et jours de fête sur semaine, administrer les sacrements, que pour l'entretènement d'un chirurgien et achat de médicaments, afin que les pauvres blessés soient secourus gratuitement, et, par cet exemple de charité, les autres plus encouragés au travail desdites mines. » Louis XV abrogea le tout en 1739, mais la partie matérielle de la mesure a été reprise dans le décret organique sur la police souterraine (1813), dont deux articles obligent les exploitants à entretenir sur leurs établissements, outre des chirurgiens attachés à la mine, des dépôts de médicaments, ainsi que des moyens de secours.

Je ne dois pas quitter le règne de Henri IV sans dire un mot d'un incident qui ne me semble pas moins intéressant pour l'histoire générale que pour le sujet qui m'occupe, en ce qu'il constitue une page extrêmement curieuse, d'ailleurs entièrement inédite, de l'historique des relations des rois de France avec le parlement de Paris. Je veux parler de la formalité d'enregistrement de l'édit de 1601, laquelle donna lieu, durant plus d'une année, à une lutte des plus vives, où, à huit lettres de jussion, le parlement répondait presque invariablement en arrêtant qu'il «persistait es délibérations précédentes. » Le point principal du débat portait sur la juridiction civile et criminelle attribuée aux officiers des mines, que le parlement ne voulait pas concéder, surtout en ce qui concernait les propriétaires du sol. La septième lettre de jussion montre Henri IV fatigué de cette résistance. « Nous voulons et mandons, dit-il, que, sans vous arrêter à vos premiers refus ni vous remettre à nous faire sur ce aucunes remontrances, vous ayez à vérifier ledit édit purement et simplement, selon sa forme et teneur... Nous n'entendons plus qu'il s'y rencontre aucune difficulté. » Le parlement de Paris voulait que l'édit fût refait et que le roi y introduisit une modification de détail à laquelle il avait consenti. Cette fois Henri IV n'y tint plus; je me bornerai à transcrire la fin de sa dernière lettre [9], où l'appréciation royale du rôle des parlements est réellement curieuse. « Ce n'est pas chose nouvelle que les vérifications de nos édits soient différentes en modifications et restrictions, selon la différence de nos provinces : ainsi cela se voit tous les jours; mais c'est chose maudite et contre notre dignité de faire nos édits dissemblables et de les réformer pour les accommoder à votre vérification, même ayant déjà été lus, publiés et enregistrés autrement, partout ailleurs où il a été besoin. Vous suivrez donc cette notre volonté, sans introduire une nouvelle forme que ne voulons être regardée en cestuy notre édit, et mettrez, cette fois pour toutes, une fin à tant de longueurs que vous y avez apportées jusques à cette heure, levant toutes autres modifications que celles contenues en nos dites dernières lettres patentes de jussion. Si n'y faites faute, car tel est notre plaisir. » Il y avait cependant encore loin de ce langage sévère à celui que, cinquante ans plus tard, Louis XIV devait tenir au parlement dans le mémorable lit de justice qui termina la fronde, et où il défendit à cette cour de se mêler des affaires de l'état. Le parlement enregistra enfin l'édit de 1601, en mentionnant qu'il le faisait du très exprès commandement du roi, réitéré par plusieurs lettres de jussion, et constata sa victoire partielle en insérant dans l'arrêt que l'appel serait suspensif de l'exécution des jugements rendus contre les propriétaires à l'occasion des mines. Puis, avec cet esprit de suite qui lui était propre, l'illustre compagnie, chaque fois qu'elle enregistrait un acte du souverain en conséquence de l'édit de 1601, ne manquait jamais de renvoyer à son arrêt du 31 juillet 1603.

Pendant tout le XVIIe siècle et durant le premier quart du XVIIIe, on ne rencontre dans le domaine de la législation souterraine en général que des documents relatifs au personnel de l'administration des mines. En 1722, on voit reparaître le système d'une concession absolue de toutes les mines métalliques du royaume, faite pour trente années, non plus à un seul individu, mais à une compagnie royale établie sous le nom de Pierre Galabin, sieur du Joncquier, et placée sous la dépendance du duc de Bourbon, investi en 1717 de la charge de grand-maître et surintendant des mines et minières de France, — charge qui s'éteignit avec lui en 1740. Cette compagnie, indépendamment des privilèges habituels, avait le droit de prendre dans les magasins du roi, pour le tirage des rochers, une quantité annuelle de 10,000 livres de poudre au prix de revient, et de faire fabriquer à son profit, dans les monnaies de Pau et de Bayonne, pour 3,000,000 de marcs de sols de cuivre et 400,000 marcs de sols de billon avec les matières par elle extraites. D'autres mines pouvaient d'ailleurs exister en même temps que celles de la compagnie, pourvu qu'elles en fussent éloignées de six lieues; la compagnie Galabin n'eut aucun succès, et en 1731 un arrêt du conseil révoqua le don du dixième domanial qui lui avait été octroyé, tout en restreignant sa concession à l'étendue des quatre provinces du Béarn, de la Basse-Navarre, du Languedoc et du Roussillon.

II. — PÉRIODE DE TRANSITION (1791-1810). — LÉGISLATION ACTUELLE DES MINES.

Ce fut Louis XVI qui le premier parvint à mettre un peu d'ordre et de régularité dans les exploitations minérales. Avant ce malheureux roi, auquel il ne manqua que la force de faire le bien, le crédit, la faveur, l'intrigue faisaient, comme l'a remarqué Regnaud de Saint-Jean-d'Angely en 1810, révoquer et obtenir les mêmes concessions, et les mines étaient devenues la proie des courtisans, foulant également aux pieds les droits du propriétaire de la surface et ceux des inventeurs.

Les mines ne pouvaient être oubliées à cette époque de rénovation sociale qui précéda la révolution de 1789. On sentait que, plus que toute autre propriété, elles avaient besoin d'une législation invariable. Les cahiers envoyés aux états-généraux par les provinces dont le sol recelait des richesses minérales contenaient des plaintes multipliées sur l'ancien régime de la propriété souterraine. L'assemblée nationale, ayant reçu des adresses à ce sujet, se fit présenter, par l'organe de Regnauld d'Épercy, député du Jura, un projet de décret sur la législation minérale. La question fondamentale de la propriété des mines fut naturellement très controversée; on sait quels ont été les systèmes en présence, et je n'ai plus à y revenir. Le rapporteur examina, dans un long et beau travail, les bases que devait adopter la législature relativement à la propriété souterraine, et conclut à ce qu'on la plaçât au rang des propriétés publiques. Les partisans de la propriété privée se défendirent avec passion et firent appel à tous les sentiments de l'assemblée. « Depuis la publication de ce rapport funeste, disait un orateur en parlant de l'exposé des motifs, les pères, les femmes et les enfants, désolés et inquiets, ne se rassurent que sur la déclaration des droits et votre justice. Toutes les villes, tous leurs habitants, tous les districts et le département en corps vous implorent, et on vous a laissé ignorer et leurs alarmes, et leurs motifs, et leurs droits... » Heurtault-Lamerville vint faire vibrer les mêmes cordes : «Des mémoires très exacts remis au comité attestent, s'écriait-il, que les opérations des mineurs en général sont des attentats journaliers à la liberté, à la tranquillité, à la propriété; je ne les détaillerai point. Je ne veux pas intéresser votre cœur pour entraîner votre jugement, mais vous concevez le parti que je pourrais tirer de ce tableau. » Des arguments plus sérieux contre le système de la propriété publique, dans lequel le député du Cher voyait, par une comparaison prise dans l'objet même, le combat du fer contre l'argile, remplissaient aussi ce discours intéressant, qui fut imprimé par ordre de l'assemblée. Ce mouvement, à la tête duquel s'étaient naturellement mis, excités par leur intérêt personnel, les propriétaires du Forez et du Languedoc, ne devait pas être couronné de succès, par suite du concours puissant que le plus grand des orateurs de l'assemblée vint prêter aux partisans de la propriété nationale dans un discours resté célèbre.

Le début de Mirabeau est bien tel qu'on était en droit de l'attendre de l'énergique tribun de la révolution française. Heurtault-Lamerville avait supposé par erreur, dans une des séances précédentes, que l'opinion dangereuse de Turgot serait « soutenue par cet orateur, qui employait habituellement les deux grands moyens de la parole, l'éloquence et l'à-propos. » — « Dans cette occasion comme dans tant d'autres, dit Mirabeau, on me fait l'insidieux honneur de faire circuler dans l'assemblée mon prétendu avis; je déclare qu'en effet plusieurs personnes connaissent mon résultat, mais que nul ne connaît mon avis. Maintenant je demande attention et table rase absolument, car personne ne sait ce que je vais dire. » Puis, dans un discours plein de force et de raison, dont l'assemblée enthousiaste vota l'impression au milieu des applaudissements, il discuta avec un admirable bon sens pratique les trois systèmes de propriété souterraine dont j'ai indiqué l'existence. S'attaquant surtout au système de la libre exploitation des mines par les propriétaires du sol, le seul qui avait eu, avec celui de la propriété publique, des défenseurs dans les rangs de l'assemblée, il prononça ces paroles mémorables : « Je dis que la société n'a fait une propriété du sol qu'à la charge de la culture, et sous ce rapport le sol ne s'entend que de la surface. Je dis que, dans la formation de la société, on n'a pu regarder comme propriété que les objets dont la société pouvait alors garantir la conservation; je dis que, si l'intérêt commun et la justice sont les deux fondements de la propriété, l'intérêt commun ni l'équité n'exigent pas que les mines soient des accessoires de la surface; je dis que l'intérieur de la terre n'est pas susceptible d'un partage, que les mines par leur marche irrégulière le sont encore moins; que, quant à la surface, l'intérêt de la société est que les propriétés soient divisées; que, dans l'intérieur de la terre, il faudrait au contraire les réunir, et qu'ainsi la législation qui admettrait deux sortes de propriétés comme accessoires l'une de l'autre, et dont l'une serait inutile par cela seul qu'elle aurait l'autre pour base et pour mesure, serait absurde. » Mirabeau termina son discours par un projet de décret qui, après avoir subi quelques amendements, devint la loi du 28 juillet 1791. Il ne devait pas lui être donné de jouir de ce triomphe : il parla encore dans la séance du 27 mars; on sait qu'il mourut le 2 avril [10].

La loi du 28 juillet 1791, qui ne devait précéder que de dix-neuf ans la loi actuellement en vigueur, ne fut, à proprement parler, malgré les discussions solennelles au milieu desquelles elle avait été enfantée, qu'une sorte de transaction mal définie entre deux systèmes contraires. Elle abondait en incohérences : ainsi, après avoir mis les mines à la disposition de la nation, elle accordait une préférence aux propriétaires du sol, — qui jouissaient en outre de celles situées à 100 pieds de profondeur, faute grave, dont les conséquences désastreuses pèsent encore aujourd'hui sur les exploitations ouvertes à cette époque. Cette préférence même n'était accordée qu'à la condition que le terrain du propriétaire de la superficie, seul ou réuni avec les terrains de ses associés, fût d'une étendue propre à former une exploitation. La loi de 1791 semblait proclamer le principe d'indemnité aux propriétaires du sol dans le cas où ils ne jouissaient pas de ce prétendu droit de préférence; puis elle expliquait qu'il ne s'agissait que des non-jouissances et dégâts occasionnés dans les propriétés par les travaux de mines. Elle était finalement si peu claire, que cinq ans plus tard, dans le conseil des cinq-cents, on disait que la constituante avait reconnu que les mines étaient des propriétés privées et individuelles! Enfin la loi commettait cette autre faute de limiter à cinquante ans au maximum la durée d'une concession qui exige avant tout des vues d'avenir.

En 1801, Chaptal, alors ministre de l'intérieur, publia, sous prétexte d'interprétation, une instruction détaillée où, par des prescriptions réglementaires dont l'expérience avait démontré la nécessité, il refit autant que possible la loi de 1791. L'imperfection de ce régime ne put cependant être qu'atténuée, et les inconvénients, toujours renaissants, qui en étaient la conséquence inévitable, faisaient vivement désirer par tous un remaniement complet. Cet état de choses ne pouvait échapper au génie pénétrant de Napoléon Ier, qui accorda une attention toute particulière à la propriété souterraine dans la promulgation même du code civil, — grand fait historique qui se place entre les deux dates des lois de 1791 et de 1810. L'article 552 proclamait que la propriété du dessus emportait la propriété du dessous, mais il réservait, comme une pierre d'attente, la question des « modifications résultant des lois et règlements relatifs aux mines. » Ce membre de phrase devait peser outre mesure sur la longue et laborieuse discussion qui précéda au conseil d'état la loi du 21 avril 1810. L'empereur, qui voulut présider lui-même la plupart des nombreuses séances remplies par cette discussion et y prit fréquemment la parole, ne pensa point un instant à attribuer absolument les mines au propriétaire du sol : son respect pour la propriété privée ne pouvait aller jusqu'à lui faire adopter un principe dont il entrevoyait les conséquences fâcheuses, et son esprit éminemment pratique avait immédiatement remarqué que la nature spéciale de la propriété minérale ne permettait pas une application pure et simple de toutes les règles du code civil. Cependant il ne voulait pas qu'il fût écrit dans la loi que les mines étaient des propriétés publiques, parce que c'eut été, disait-il, violer l'article 552 et non le modifier. Il désirait à la fois reconnaître formellement les droits du propriétaire du sol, et tenir compte de la différence radicale qui existe entre le fonds superficiel, qui ne s'use pas, et le tréfonds minéral, qui n'est complètement utilisé qu'à la condition d'une destruction totale.

Au commencement de 1806, le ministre de l'intérieur présenta, par ordre de l'empereur, un projet de loi sur cette matière au conseil d'état; mais Fourcroy, qui en fut le rapporteur, ayant dit

I. Les combustibles minéraux

que les mines étaient à la disposition de la nation, ce projet fut renvoyé à la section pour recevoir une nouvelle rédaction, dont les bases furent posées par Napoléon lui-même. La discussion ne fut reprise qu'à la fin de 1808, le conquérant législateur ayant eu dans l'intervalle à gagner les batailles d'Iéna, d'Eylau, de Friedland, et aussi à consommer la ruine de la monarchie espagnole, ce premier germe fatal de la décadence de l'empire. Fourcroy lut alors un second projet de loi, reposant sur ce principe que la propriété des mines n'appartient à personne par sa nature et sa disposition, mais que la jouissance doit en être concédée par le gouvernement. Napoléon n'admit pas cette combinaison, et formula ainsi son opinion, qui allait devenir à peu près le système définitif de la loi nouvelle : « Il faut d'abord poser clairement le principe que la mine fait partie de la propriété de la surface. On ajoutera cependant qu'elle ne peut être exploitée qu'en vertu d'un acte du souverain. La découverte d'une mine crée une propriété nouvelle. » Cet acte devait régler et l'exploitation et les droits du propriétaire de la surface. Les événements militaires de cette époque interrompirent encore une fois la discussion, qui, reprise le 4 avril 1809 et toujours continuée depuis lors, ne comprit pas moins de huit rédactions successives; il en résulta même à la fin une telle lassitude pour le conseil d'état, que la loi est restée avec plusieurs incorrections de forme, dont quelques-unes sont malheureusement une source de chicanes administratives et judiciaires.

M. Stanislas de Girardin, le filleul du roi de Pologne et l'élève du philosophe de Genève, fut le rapporteur de la loi au corps législatif: son discours laisse percer le désir qu'avait eu l'assemblée de voir dans la loi une déclaration bien précise sur la nature de la propriété souterraine. « L'opinion de la commission est, dit-il, que la propriété des mines doit être à l'état. Elle présume que le projet l'eût dit nettement, s'il eût précédé le code civil. » En effet, mieux inspiré en cela que le législateur de 1791, qui avait posé le principe et ne l'avait finalement point respecté, le législateur de 1810 n'a pas voulu donner de définition. Je me hâte d'ajouter que, s'il eût défini la propriété souterraine, il n'eût pas procédé autrement qu'il ne l'a fait, et que, si le lecteur de la loi de 1810 tient absolument à sortir de cette incertitude calculée dont je viens de dire le motif réel, il doit de toute nécessité y lire partout que les mines sont des propriétés publiques. Si on l'aime mieux, le problème intéressant de la propriété minérale a été résolu en 1810 dans le sens d'une propriété distincte, dont la libre disposition est laissée au souverain comme objet d'utilité générale, et on retrouve alors l'expression la plus haute et la plus réelle de la doctrine du droit régalien, suivie en cette matière dans les temps anciens et modernes. L'acte de concession, qui est la clé de voûte du système de la loi actuellement en vigueur, fait la part à chacune des personnalités qui se trouvent en présence : l'état a le pouvoir de statuer entre tous les concurrens, sans préférence pour l'inventeur (auquel, en cas de refus, une indemnité est assurée), ni pour le propriétaire du sol, dont les droits sont réglés ainsi que je le dirai tout à l'heure. Quant aux dispositions complémentaires, quelques détails les feront pleinement ressortir.

Les mines sont caractérisées par ce fait qu'elles ne peuvent être exploitées qu'en vertu d'un décret impérial rendu en conseil d'état, qui en concède la propriété perpétuelle. Le mérite de cette idée neuve et féconde de perpétuité, qui ne se trouvait pas dans les législations antérieures, où toutes les concessions étaient temporaires, revient exclusivement à l'empereur Napoléon, qui le premier sut en entrevoir les conséquences avantageuses. Les mines rentrent maintenant dans les mêmes conditions que tous les autres biens, sauf trois exceptions qu'il est indispensable de faire connaître.

La première est posée par la loi même, aux termes de laquelle une mine ne peut être vendue par lots ou partagée sans une autorisation accordée dans les mêmes formes que la concession. Il n'est pas besoin d'insister sur le but que le législateur s'est proposé en introduisant cette restriction fondamentale, qui empêche un morcellement contraire au bon aménagement des gîtes et à la conservation des richesses minérales. Après de longues hésitations, — dont on est en droit de s'étonner, — la cour de cassation a fini par étendre à l'amodiation d'une mine le principe salutaire dont je parle en ce moment. Trop esclave de la lettre et trop peu préoccupée de l'esprit de la loi, la cour suprême, dans une première phase de sa jurisprudence, avait cru devoir soutenir que le législateur n'avait parlé que de la *vente* et non du *louage*, comme si, alors qu'il est question de choses que l'usage détruit sans retour,

I. Les combustibles minéraux

la vente pouvait être distinguée du louage. En 1838, une loi fort importante est d'ailleurs venue assurer expressément cette unité de concession, dont les principes généraux de la propriété souterraine démontrent surabondamment la nécessité.

A cette dernière loi se rattache aussi la seconde exception. Relative surtout à l'assèchement des mines atteintes ou menacées d'une inondation commune pouvant faire naître des craintes sérieuses, la loi de 1838 a donné le retrait, prononcé administrativement, pour sanction aux mesures d'intérêt public qu'elle prescrit en pareille circonstance, et l'a également autorisé dans d'autres cas, notamment lorsqu'une exploitation est restreinte ou suspendue de manière à inquiéter la sûreté publique ou les besoins des consommateurs.

La troisième exception enfin a été introduite, vers la fin de 1852, à la suite d'un gigantesque projet d'association entre des compagnies de mines de houille appartenant à des bassins éloignés : un décret du président de la république, tranchant définitivement des difficultés trop longtemps restées sans solution, est venu interdire toute réunion de concessions de même nature sans l'autorisation du gouvernement.

Il est regrettable qu'une quatrième exception n'ait point également été apportée à la généralité du principe proclamé, par la loi de 1810, relativement à la propriété souterraine. L'arrêt du conseil de 1604 ne voulait pas que les exploitants de mines u pussent vendre ni échanger leurs parts qu'ils n'en eussent préalablement averti le grand-maître ou ses lieutenants, et fait enregistrer leurs ventes ou échanges au greffe desdites mines, afin d'y avoir recours quand il en serait besoin. » Cette prescription avait été maintenue implicitement dans la déclaration de 1762, concernant les privilèges en fait de commerce, déclaration qui exigeait en outre une autorisation. Sous la législation de 1791, un arrêté du directoire exécutif avait, en l'an VI prescrit de soumettre à son approbation tous les actes translatifs de l'exercice des droits accordés par les concessions de mines; mais, un mois après la promulgation de la loi de 1810, un décret impérial constatait très explicitement qu'un concessionnaire pouvait disposer de sa mine sans autorisation et mettait ainsi hors de doute l'abrogation expresse de l'arrêté de l'an VI sauf en ce qui concerne la vente par lots et le partage. En songeant à toute la peine que se donne le gouvernement pour instituer la propriété minérale [11], on est en droit de s'étonner que le législateur n'ait pas imposé au moins quelque restriction de transfert. Quoi qu'il en soit, la seule obligation prescrite en pareil cas, et elle ne date que de 1842, consiste, pour le propriétaire nouveau, à faire une déclaration de domicile à l'administration.

J'ajouterai, pour terminer ce que j'ai à dire du régime particulier auquel est soumise la propriété d'une mine, qu'aucune modification ne peut y être apportée que dans les formes mêmes de l'institution. Un concessionnaire ne peut augmenter ou restreindre sa concession; il ne peut ni la diviser, ni l'abandonner sans avoir rempli les formalités exigées pour l'institution même de cette concession.

Une conséquence naturelle de l'importance qui, de tout temps, a été attribuée en France à l'exploitation des substances minérales était que cette exploitation fut facilitée autant que possible. Louis XI, allant encore ici plus loin que Charles VI, en prescrivait la recherche, obligeait ceux qui connaissaient l'existence de mines dans leurs terrains à venir les révéler, et en exigeait même la mise en exploitation dans un délai de trois mois. Henri IV encouragea également de tout son pouvoir les recherches de mines. Bientôt on n'eut plus besoin que de les régulariser. La loi de 1791 ne les prévoyait pas; mais l'usage avait institué des permissions provisoires, accordées d'abord par les intendants des provinces, puis par le ministre, à la condition cependant que les travaux ne fussent entrepris qu'avec l'autorisation du propriétaire du sol. Le législateur de 1810 a été plus hardi : le propriétaire a la faculté, sans aucune formalité, d'explorer son terrain ou de céder son droit à un tiers; mais, s'il refuse son consentement ou le subordonne à des conditions inadmissibles, le gouvernement a le pouvoir de conférer ce droit à un explorateur : il n'en use que lorsqu'il croit y voir un intérêt public, mais il est maître absolu. Ce pouvoir, qui pourra paraître exorbitant à quelques-uns, est une conséquence forcée des recherches sérieuses que l'administration exige avant d'instruire une demande en concession; elle veut en effet des travaux de nature à prouver la présence, dans le périmètre sollicité, d'une substance minérale utilement exploitable, ce qu'il ne faut pas confondre, bien entendu, avec la preuve d'une exploitation profitable, — question que le gouvernement ne peut pas plus qu'un autre juger par avance.

La propriété nouvelle ainsi instituée jouit alors de droits spéciaux. Nul ne peut évidemment y venir faire la recherche des substances qui ont été concédées; quant aux autres, l'administration intervient pour empêcher que les explorations qui en seraient faites ne puissent causer quelque préjudice au concessionnaire. Le droit le plus important, et d'ailleurs en quelque sorte indispensable, conféré à ce concessionnaire, c'est de pouvoir occuper les terrains nécessaires à l'exploitation des mines, non-seulement pour creuser des puits et percer des galeries, mais encore pour construire ses machines d'extraction et d'épuisement, ses bâtiments, et enfin même pour établir les chemins dont il a besoin pour ses charrois. La question proprement dite d'occupation du sol est naturellement dans les attributions de l'autorité administrative, seule juge de l'utilité d'imposer une telle servitude aux propriétaires superficiels et de l'emplacement choisi par le concessionnaire; l'autorité judiciaire n'est appelée qu'à régler la question d'indemnité, exceptionnellement doublée en faveur du propriétaire superficiel.

En général, c'est à l'administration seule qu'est soumise, au nom de l'intérêt public, la surveillance des travaux de mines; mais, en vertu du principe fondamental de la séparation des pouvoirs, jamais son action ne peut faire obstacle à ce que les questions d'intérêt privé, que ces travaux viendraient à soulever, soient tranchées par les tribunaux. La cour de cassation n'admet pas que le concessionnaire soit affranchi vis-à-vis du propriétaire des conséquences souvent inévitables de ses travaux, alors même qu'ils sont faits suivant toutes les règles de l'art. Elle n'admet pas davantage que le propriétaire de la surface ait le droit d'exécuter des travaux nuisibles à une exploitation de mines. Cette saine jurisprudence a pour résultat de maintenir la balance entre deux propriétés qui ont finalement les mêmes droits, comme entre les obligations, un peu compliquées parfois, que leur créent la coexistence et la superposition qui constituent ce voisinage d'un ordre particulier.

Le propriétaire du sol est en outre protégé par la loi d'une façon toute spéciale, en ce qu'elle interdit de «faire des fouilles, des travaux ou établissements d'exploitation, sans le consentement formel du propriétaire, dans ses enclos murés, cours ou habitations, et dans ses terrains attenant aux dites habitations ou clôtures murées dans un rayon de cent mètres... » — « Le respect pour le domicile du citoyen, disait M. Stanislas de Girardin, commandait cette restriction. » Empruntée en quelque sorte à l'une des plus importantes modifications apportées par les parlements à l'édit de Louis XI, si l'on tient compte toutefois de la différence qui existe entre la France du XIXe siècle et celle du XVe cette discrétion a été maintenue par la loi de 1791, qui fixait à deux cents toises une distance déjà si exorbitante. Un dissentiment profond et de vieille date existe d'ailleurs entre un grand nombre de tribunaux et la cour de cassation au sujet du sens qu'il faut donner à cette prohibition : les premiers veulent qu'elle ne soit applicable que lorsque le propriétaire du bien protégé est en même temps propriétaire du rayon de cent mètres où s'étend la protection; la cour suprême admet qu'elle est établie pour tous les cas, et cette jurisprudence, qu'elle a maintenue récemment par un arrêt solennel, paraît fondée, mais seulement en vertu de l'axiome juridique : *dura lex, sed lex*.

Le concessionnaire a aussi, comme tout propriétaire, des voisins dans le sens horizontal : ce sont les concessionnaires limitrophes. Les principes qui régissent ce voisinage ont nécessairement été posés par la loi même, qui veut, par exemple, que, si un exploitant se trouve rendre à un autre le service d'absorber ses eaux, ce service soit payé par celui qui en profite. En outre, la loi de 1838, déjà mentionnée, qui est intervenue à l'occasion d'un fait particulier, l'inondation souterraine des houillères du bassin de Rive-de-Gier, a disposé pour tous les cas de même nature : elle a donné au gouvernement le pouvoir d'organiser un système complet de protection contre l'envahissement si redoutable des groupes de mines par les eaux.

Il est enfin un troisième ordre de voisins qui mérite aujourd'hui une attention sérieuse, je veux parler des chemins de fer, dont, à un moment donné, l'antagonisme avec les mines pourrait offrir plus d'un danger. La question s'était présentée, dès l'origine de ces voies nouvelles, au sujet du chemin de Saint-Étienne à Lyon [12], qui se déroule, dans le département de la Loire, sur un terrain percé de tous côtés par les exploitations minérales. Le débat s'était engagé à propos d'un tunnel traversant le monticule du Couzon; porté successivement devant toutes les juridictions administratives et

I. Les combustibles minéraux

judiciaires, par suite de l'acharnement que les deux concessionnaires mettaient à défendre leurs prétentions réciproques, ce débat a duré plus de dix années; il a été finalement tranché dans le sens équitable d'une indemnité payée par la compagnie du chemin de fer, dont la concession était postérieure à celle de la houillère, au concessionnaire de la mine, à raison de l'interdiction d'exploitation qui lui avait été faite en faveur du chemin de fer. Maintenant le gouvernement se réserve, dans les cahiers des charges de toutes les concessions de chemins de fer et de mines, le soin d'empêcher que l'une des propriétés ne porte atteinte à l'autre. Il prévoit également le cas où des travaux de mines doivent s'étendre dans le voisinage d'un canal, d'un bassin, d'un cours d'eau ou d'une route ordinaire, sous une ville, sous des habitations ou des édifices.

Indépendamment de leurs droits et de leurs devoirs, les concessionnaires de mines ont encore des charges pécuniaires que je ne puis passer sous silence : l'une, bien souvent illusoire, vis-à-vis du propriétaire du sol; l'autre envers l'état, que par habitude de contribuable ils affectent toujours de trouver lourde.

L'ordonnance de Charles VI est très obscure à l'égard du droit qui pouvait, au XVe siècle, être reconnu sur les mines au propriétaire du sol, et il en est de même de l'édit de Louis XI; mais, si ce point doit rester dans le doute pour la première des périodes que j'ai considérées sous l'ancienne monarchie, le langage de Henri II, — qu'on retrouve dans la totalité des actes de la seconde, — ne permet aucune hésitation relativement au régime qu'il voulait inaugurer pour les tréfonciers. Lorsqu'il stipule que Roberval pourrait prendre, partout où bon lui semblerait, les terrains dont il aurait besoin, « en les payant raisonnablement aux propriétaires, ou le dommage et intérêt qui leur serait fait pour le regard de la valeur desdites terres seulement, *et non des mines y étant*, » il prouve ce fait, important dans l'histoire de la propriété souterraine, que les propriétaires du sol n'étaient pas considérés comme propriétaires du gîte minéral que pouvait receler le tréfonds. Aucun acte de la troisième période ne vient infirmer cette proposition. — De 1791 à 1810, la préférence plus ou moins douteuse qui était reconnue au propriétaire du sol par la loi fondamentale était, je l'ai dit, une solution déplorable du problème.

Depuis 1810, c'est l'acte de concession qui règle, dans une

forme incommutable, les droits à payer par les concessionnaires aux propriétaires de la surface. Jusqu'en 1842, le gouvernement était lié par les conventions que les parties avaient pu faire; maintenant il peut ne pas même les prendre en considération : s'il ne croit point devoir les maintenir, elles sont par cela même nulles et non avenues, comme le rappelle expressément le décret de concession. Les deux articles de la loi de 1810 qui s'occupent de la redevance tréfoncière laissent subsister un vague regrettable, et il n'y a pas de système général à cet égard. Tantôt, et c'est le cas le plus ordinaire, la redevance consiste en une rente annuelle par hectare, parfois si modique que le propriétaire déçu ne se donne pas la peine de la réclamer. Tantôt elle est une redevance proportionnelle aux produits de l'extraction, dont jouissent les propriétaires des terrains sous lesquels l'exploitation s'opère : tel est le mode usité notamment dans les bassins houillers de la Loire, où le respect des droits acquis par les propriétaires du sol a fait adopter des bases qui font de ce droit le dixième de l'extraction. Tantôt enfin les deux systèmes sont combinés. Il est certain que la pensée du législateur a été que cette redevance fût infime et ne servît en quelque sorte qu'à sauvegarder le principe du respect dû à la propriété privée; je n'en voudrais pour preuve que les concessions données depuis la promulgation de la loi de 1810 jusqu'à la restauration, qui fixent pour la plupart à une rente annuelle de 0 fr. 10 cent, par hectare ce dédommagement accordé au propriétaire du sol. Cela n'a point empêché des concessionnaires de venir sérieusement soutenir, devant la justice, que la redevance tréfoncière avait pour but de les exonérer de tous les dommages qu'ils pourraient causer à la propriété superficielle. En Belgique, où la législation de 1810 n'a pas cessé d'être en vigueur, à quelques modifications près, une loi de 1837 a beaucoup mieux réglé la matière, en imitant le mode d'impôt perçu sur les mines par l'état; cette loi attribue au propriétaire du sol une redevance fixe, qui ne peut être moindre de 0 fr. 25 cent, par hectare, puis une redevance proportionnelle, s'élevant de 1 à 3 pour 100 du produit net des mines, tel qu'il est admis par l'état, et ayant également pour base l'étendue superficielle.

On a vu déjà que l'une des trois attributions que comprenait le droit régalien, celle même à laquelle s'est trop longtemps réduite la manifestation extérieure de ce droit, était l'impôt du dixième du produit des mines. La nature, l'arbitraire et la difficulté de la perception se trouvent très clairement caractérisés par plusieurs documents de la première période. On se rappelle l'abandon fait par Henri IV de son droit pour un certain nombre de substances; à l'égard des autres, les exemptions devinrent continuelles. Louis XV, qu'on a vu plus haut donner et reprendre ce droit à la compagnie Galabin, avait fini par le modérer au quarantième dans un édit de 1739. Bref, Jars, dans ses *Voyages métallurgiques*, pouvait dire, en 1769 : « Quoiqu'il y ait eu plusieurs remises de ce droit, *qui ne se perçoit pas*, il paraît juste de le conserver. »

Tel était l'état des choses lorsqu'éclata la révolution de 1789. La loi de 1791, par une condescendance manifeste pour les idées de l'époque, garda le silence à l'endroit de l'impôt des mines, et ce fut seulement en 1802 qu'on le vit reparaître à l'horizon. Jusque-là, aux termes des lois de 1790 et de l'an vu sur la contribution foncière, les mines ne furent évaluées qu'à raison de la superficie du terrain occupé par l'exploitation et sur le pied des terrains environnants. Les nouveaux concessionnaires furent ensuite imposés. Jusqu'à la promulgation de la loi de 1810, d'après des bases que fixait le gouvernement.

Maintenant le concessionnaire de mines est assujetti à un impôt spécial qui l'exempte de la patente; cet impôt est double : — il se compose d'une redevance fixe annuelle de 10 francs par kilomètre carré, dont il ne peut s'affranchir que le jour où il renonce à sa concession; il la doit alors même que ses travaux seraient suspendus par des événements de force majeure. Le législateur de 1810 voulait absolument voir dans cet impôt une garantie contre les demandes de concessions trop étendues; mais je n'ai pas besoin de faire remarquer combien il est difficile de supposer qu'un exploitant puisse être arrêté par une pareille considération. — La seconde partie de l'impôt des mines, également contribution annuelle, s'appelle redevance proportionnelle. Imposée et perçue comme la contribution foncière, elle s'élève au vingtième du produit net; le concessionnaire peut à volonté la faire régler chaque année ou demander un abonnement. L'assiette de la redevance proportionnelle est confier, principalement à l'administration des mines elle-même.

L'impôt des mines s'élève, pour le dernier exercice, à 1,000,000 de francs au moins, dont 80,000 francs pour la redevance fixe, correspondant à 800,000 hectares de territoire concédé, et 830,000 francs pour la redevance proportionnelle; le reste représente ce décime de guerre établi provisoirement, en l'an vu, sur toutes les contributions publiques et toujours maintenu depuis.

Il ne me reste plus, pour terminer cette première étude, qu'à dire quelques mots de la question, si importante en pareille matière, de la juridiction à laquelle est attribué, suivant les époques, le contentieux qu'engendre la propriété souterraine. J'ai à peine besoin de noter que la période antérieure à 1791 offre de nombreuses variations, inséparables de l'hétérogénéité compliquée de l'organisation administrative et judiciaire de la France sous l'ancienne monarchie. Cependant un système domine alors réellement, et, chose remarquable, c'est à peu près celui qu'inaugure l'ordonnance de Charles VI, — où l'on trouve des juges spéciaux au premier degré, les généraux des monnaies au second, et le parlement en dernier ressort. Seule, la superposition du parlement à la cour des monnaies ne durera pas, celle-ci devant plus tard devenir, à l'instar de celui-là, une juridiction supérieure et souveraine; mais le principe d'une justice particulière, dépendant de la cour des monnaies, doit être regardé comme ayant été le plus généralement en vigueur. Tous les édits relatifs à cette cour lui attribuent la connaissance des appellations des jugements rendus, tant en matière civile qu'en matière criminelle, au sujet des mineurs. On ne sera point étonné de la liaison étroite qui existait anciennement entre les monnaies et l'exploitation des mines, car sans doute on pressent que, parmi les substances minérales, celles qui, avec le fer, ont le mieux et le plus tôt été connues sont naturellement les métaux monétaires. Ce fait est accusé par la presque totalité des documents sur la législation souterraine. On y voit, à travers des dispositions qui s'appliquent aux mines d'une nature quelconque, percer à chaque pas la préoccupation du souverain pour les métaux employés dans la fabrication des monnaies.

Au moment où la révolution de 1789 éclata, les dépenses et les retards qu'aurait entraînés le cours ordinaire de la justice avaient fait attribuer tantôt à des commissions spéciales, tantôt et le plus souvent aux intendants des généralités, — sauf l'appel au conseil, et pour un temps déterminé ou pour des faits particuliers, — les débats qui s'élevaient à raison de l'exploitation des mines. La législation de 1791 introduisit naturellement le grand principe de la séparation des pouvoirs dans le jugement des contestations de cette nature : elle abandonna à l'autorité judiciaire les questions d'indemnité, de dommages, de voies de fait que les exploitants de mines pouvaient avoir à vider avec les propriétaires du sol; mais elle réserva au pouvoir administratif toutes les discussions relatives à l'existence même des concessions. La loi de 1810 ne fit que consacrer ce système rationnel. On sait combien l'empereur Napoléon, partisan déclaré des formes judiciaires, dans lesquelles il voyait justement la plus solide garantie pour la propriété, résistait avec force aux tendances du conseil d'état à développer la compétence administrative au détriment delà compétence judiciaire. La loi des mines fournit à Napoléon Ier maintes occasions de proclamer sa prédilection pour les tribunaux ordinaires, et il ne manqua jamais d'insister sur la nécessité de leur attribuer en général les discussions que pouvait faire naître la propriété minérale. Il est donc hors de doute que, dans l'esprit de la législation actuelle, la juridiction administrative ne doit être adoptée que dans quelques cas exceptionnels, indiqués nettement par la nature du sujet.

On a souvent remarqué, sans s'en étonner d'ailleurs, eu égard aux conditions politiques de la matière, que nos principales lois sur l'organisation municipale étaient datées du lendemain de nos révolutions. Un rapprochement analogue de dates doit être fait au sujet de la propriété souterraine. La première loi est émanée de l'assemblée constituante de 1791. La seconde a été projetée un an après l'établissement du premier empire. La révision en a été demandée à trois reprises au pouvoir législatif : en 1816, par M. Dugas de Varennes, député de la Loire; en 1832, par M. Voyer d'Argenson, député du Haut-Rhin; à la fin de 1848, par des habitants du département de Saône-et-Loire, — chaque fois en vertu du droit de propriété, celui de tous ses droits sociaux dont l'homme est le plus jaloux. Malgré ces attaques, dues à des partisans attardés du principe de la propriété privée, la loi de 1810 n'a encore subi aucune atteinte; elle a seulement été complétée par quelques actes postérieurs, qui, en l'améliorant, ont donné le pouvoir d'en assurer l'exécution. Il n'y aurait d'ailleurs pas besoin, pour faire de cette loi un monument législatif empreint de toute la perfection humaine, d'un long et minutieux projet complémentaire comme celui qui fut présenté, en 1849, au conseil d'état, et qui n'eut pas de suite : de simples remaniements de détail suffiraient amplement pour combler les quelques lacunes qui peuvent encore subsister, corriger quelques vices de forme, et donner un sens définitif à quelques expressions douteuses. Un règlement d'administration publique achèverait la tâche du législateur.

La loi de 1791 n'avait fait, en somme, que rendre le service de déblayer le terrain du passé et de le préparer à recevoir l'édifice que devait y construire Napoléon Ier. Quant à la législation ancienne, elle n'est, à proprement parler, que l'histoire du droit régalien, qui, sainement défini, se dégage des motifs de hasard et de bon plaisir dont on se plaît trop à l'environner, ainsi que des considérations fiscales, — d'autant plus inutiles qu'il était alors moins difficile au souverain de frapper d'un impôt les produits des mines. Il me paraît bien plus naturel de trouver une raison d'être à ce droit dans la nécessité fondamentale de l'aménagement des gîtes minéraux, qui les prédestinait évidemment à être des propriétés publiques. En définitive, le droit régalien avait revêtu la seule forme qui fût admissible aux diverses époques de l'ancienne monarchie, où le mode unique d'encouragement était le privilège. Aussi les concessions minérales avaient-elles toutes un caractère plus ou moins général et embrassaient-elles soit une province entière, soit même la totalité du royaume. S'il était en quelque sorte indispensable, dans un travail de ce genre, de remettre en lumière les dispositions effacées de l'ancien régime, ne fût-ce que pour en montrer les traces dans le régime actuel, cet examen rétrospectif me semble présenter en outre un résultat intéressant : il indique, une fois de plus, les ressources précieuses dont se priverait l'histoire générale, si elle négligeait le passé de l'histoire administrative.

La législation de la propriété souterraine, dont nous venons de raconter le laborieux enfantement, rappelle encore une remarque, dont il faut tenir compte. L'attention du législateur, on le sait de reste, s'est concentrée sur les principes auxquels il importait de soumettre l'exploitation de cette propriété exceptionnelle. Les conditions particulières du travail des mines ne l'ont pas préoccupé. Pour peu qu'on réfléchisse aux difficultés de la matière, on reconnaîtra qu'il ne pouvait en être autrement. Le sort de l'ouvrier mineur est assurément digne de la plus grande sollicitude, mais il ne peut être réglé par voie législative. C'est le progrès des mœurs qui remplace ici l'action de la loi, et en regard du régime de la propriété de plus en plus mis en harmonie avec les vrais principes du droit, il serait aisé de montrer la condition des travailleurs s'améliorant avec la législation même comme avec l'état général de la société. Abandonnées d'abord à des exploiteurs aventureux, les mines de notre pays sont généralement aujourd'hui entre les mains de propriétaires éclairés, dont la sollicitude se partage entre les besoins de l'exploitation et ceux des familles qu'elle fait vivre. Un décret de police souterraine supplée d'ailleurs en partie au silence de la loi, et soumet le travail des mines à certaines règles dictées aussi bien par l'humanité que par la prudence. L'ouvrier mineur justifie, nous aimons à le dire, l'intérêt qu'on lui porte. Cette population de 180,000 hommes voués au travail souterrain se distingue par son amour de l'ordre et son instinct de la discipline. L'énergie, la patience du mineur sont au niveau des difficultés de sa pénible tâche. On reconnaîtra mieux encore ces qualités propres à la population des mines quand on l'étudiera dans les divers groupes qui la composent et dans ses divers centres d'activité, — quand on passera en un mot de la propriété souterraine au travail souterrain.

NOTES

1. Il paraitra peut-être piquant de rapprocher de cette théorie absolue la prétention récemment élevée par un auteur qui, s'annonçant franchement comme le conseil de plusieurs grandes compagnies de mines, voudrait partager le globe en deux parties : l'une comprenant seulement la croûte végétale et appartenant au propriétaire du sol, l'autre comprenant le reste de l'écorce terrestre dans ce qu'elle offre d'accessible aux travaux de l'homme et appartenant au mineur. Ce système est nommé par l'inventeur le partage horizontal de la terre.

2. Des Mines et des Carrières (Œuvres de Turgot, Paris, 1808, t. IV, p. 400).

3. Je laisse à dessein de côté ici deux classes légales

d'exploitations minérales : les minières, dont j'aurai naturellement l'occasion de parler en m'occupant de l'industrie du fer, et les carrières, dont il y a peu de chose à dire.

4. Je dois faire observer que l'importance réelle de notre production houillère est très désavantageusement représentée par ces chiffres. En attendant de nouveaux renseignements de l'administration des mines, dont les publications devraient se faire, il faut bien le dire, à des intervalles plus rapprochés, je puise du moins, dans les documents publiés par l'administration des douanes et dans une appréciation récente du comité des houillères françaises, la certitude qu'en ce qui concerne le combustible minéral, le chiffre de la consommation française ne tardera point à être le double de celui qu'on vient de lire. En effet, les chiffres officiels de l'importation étrangère en 1856 montrent qu'elle a été de 49,522,145 quintaux métriques, et, pour cette même année, notre production est évaluée à 65 millions de quintaux métriques environ.

5. Il faut toutefois excepter les provinces rhénanes, où la législation française de 1810 est encore en vigueur.

6. La plupart des aperçus historiques sur la législation souterraine en France citent une ordonnance de Philippe le Long, du 5 avril 1321-1322. Or c'était Charles le Bel qui régnait à cette date, sous laquelle ou rencontre, dans les ordonnances du Louvre, un mandement portant révocation des domaines aliénés, où il n'est pas question de mines. En y trouvant le mot minage (droit sur les grains), on est tenté de croire que cette expression a été la source d'une erreur inqualifiable, commise par un compilateur ignorant et acceptée sans vérification par tous les auteurs.

7. On a souvent dit que les mines étaient une propriété féodale. Cette assertion n'est point exacte; au contraire, la lutte entre la royauté et les seigneurs au sujet de la propriété des mines a laissé de nombreuses traces dans les documents anciens, les souverains ne négligeant aucune occasion de repousser les prétentions continuelles des seigneurs.

8. Archives de l'empire; Registres du parlement de Paris : X, 1573, f° 474.

9. 26 juillet 1603. — Archives de l'empire; Registres du

parlement : X, 1792.

10. L'assemblée constituante entendit cependant encore une fois la mâle éloquence de Mirabeau. Au moment même où il expirait, M. de Talleyrand lisait un discours qu'il lui avait remis sur l'origine naturelle du droit de tester, — combattu par lui avec passion.

11. L'instruction des demandes en concession de mines comprend notamment une enquête de quatre mois, avec affiches et publications dans un rayon fort étendu. On peut voir quelquefois, à la quatrième page du Moniteur, des avis de ce genre, qui y sont insérés parce que le pétitionnaire est domicilié dans le département de la Seine.

12. Elle semble se reproduire en ce moment entre la compagnie du chemin de fer de Lyon à Genève et les concessionnaires des mines de bitume de Seyssel.

II. Les mines de houille

Nous avons fait connaître quelle était la situation de la propriété souterraine tant vis-à-vis de l'état que vis-à-vis de la propriété superficiaire[1]. Il faut la voir maintenant aux prises avec les difficultés naturelles qui varient selon la diversité même des gîtes à exploiter. C'est la houille qui nous occupera d'abord. L'origine et la formation de cette substance, qui fournit un si puissant auxiliaire à l'industrie moderne, la législation spéciale qui a régi d'abord l'exploitation de la houille, les procédés d'extraction et les derniers progrès réalisés dans cette branche du travail souterrain, l'industrie et le commerce des combustibles minéraux, enfin quelques-uns des problèmes intéressants qu'ils soulèvent dans la pratique, tels sont les points principaux d'un sujet qui permet d'aborder, outre de hautes questions scientifiques, un des plus curieux chapitres de notre histoire industrielle.

I. – FORMATION ET ORIGINE DE LA HOUILLE.

Les connaissances géologiques sont assez répandues aujourd'hui pour qu'on n'ignore pas que les masses minérales dont se compose la croûte du globe terrestre sont groupées dans un certain ordre, et que la plus grande partie de ces masses existe en couches continues et superposées par assises régulières. Chacun sait que l'étude approfondie de l'ensemble de ces couches a fait reconnaître une série de formations dont la disposition chronologique est hors de doute, bien que la durée des dépôts auxquels elles doivent leur origine soit absolument inconnue. Chacun sait enfin que les couches dont un groupe constitue un de ces terrains stratifiés se sont formées sous l'eau, dans des lacs ou des mers, par voie de sédiment ; qu'elles étaient primitivement horizontales, mais qu'elles ont fréquemment été soulevées lors de l'apparition des montagnes surgissant brusquement, à l'état de roches ignées, de l'intérieur du globe, et que dès lors elles sont devenues des surfaces ondulées et plus ou moins tourmentées dans leur allure par les dislocations du sol. Dans cette vaste échelle des formations sédimentaires, le terrain houiller est situé entre les terrains primaires et les terrains

II. Les mines de houille

secondaires : il peut être ici considéré indifféremment comme étant à la partie supérieure des uns ou à la partie inférieure des autres.

Pour bien concevoir la manière dont ont pu se former les bassins houillers, il faut se figurer, par la pensée, notre pays tel qu'il devait être au moment de cette période de calme qui a permis le dépôt du terrain qui renferme la houille, alors qu'une atmosphère chaude, brumeuse, riche en acide carbonique, en un mot très propice à une luxuriante végétation, pesait sur le globe entier. L'uniformité de nature des végétaux du monde primitif, dans quelque bassin houiller qu'on les trouve, permet d'admettre, pour la période dont nous parlons, l'uniformité des conditions climatériques, à laquelle contribuait évidemment la chaleur centrale de la terre. Qu'on imagine un sol généralement peu accidenté, parsemé çà et là de collines et de dépressions, mais borné cependant vers le nord par une véritable mer. Les dépressions, rares et de faible étendue, sont devenues des bassins houillers : ce sont ces dépôts lacustres qui, à l'exception cependant du bassin de la Loire, sont relativement si petits et si abondants dans le centre de la France. La mer, qui s'étendait peut-être de l'Ardenne aux montagnes de l'Ecosse et du pays de Galles, est également devenue un vaste bassin houiller qui fait aujourd'hui la richesse de la Belgique, contribue à celle de l'Angleterre, et forme en France le bassin du nord, le second de nos gîtes de combustible minéral. Un tel dépôt pélagien est caractérisé par un lit de calcaire dit carbonifère, dont l'origine est nettement déduite des coquilles marines que les couches renferment, et dont le dépôt a immédiatement précédé celui du terrain houiller. Cette couche marine manque dans les bassins lacustres, dont le lit est un amas confus de fragments anguleux ou arrondis, de grosseurs diverses, provenant des éboulements qui ont suivi la production des dépressions du terrain primitif, et cimentés par une pâte de même nature, généralement empruntée à la roche encaissante. La formation qui est venue à la longue combler ces dépressions ne se compose pas seulement de couches de la substance minérale qui lui a donné son nom ; celles-ci n'y constituent au contraire qu'une fraction minime, un trentième au plus de la formation, qui comprend encore, indépendamment du conglomérat que je viens de mentionner, une série de couches indistinctement alternées de grès et de schistes argileux, une sorte de minerai de fer qui malheureusement ne se trouve en France qu'en fort petite quantité, enfin du calcaire d'eau douce. Le plus souvent cet ensemble, où l'on reconnaît fréquemment les traces d'une superposition par ordre de densité des matériaux dont il se compose, est naturellement partagé en quelques groupes partiels qui correspondent certainement à des phases du dépôt et en facilitent la description géologique et industrielle. Il n'est possible de poser aucune règle pour la puissance du terrain, qui, comme celle des couches de houille, est comprise entre des limites fort éloignées, sans qu'aucune relation puisse être établie entre le phénomène géologique et le fait industriel. Naturellement plus grande dans les bassins pélagiens que dans les bassins lacustres, elle est approximativement estimée à 2 kilomètres dans le nord et à 12 ou 1,400 mètres au plus dans la Loire, où cette profondeur est un maximum. L'abondance de ces grès, la présence de galets dans le terrain houiller, sont des indices bien nets de la formation par voie de transport sédimentaire ; mais, en songeant à l'accumulation lente et graduelle des sables à l'embouchure des fleuves et aux amas de grande épaisseur qui se déposent parfois en un jour sur les rives, à la suite de quelque crue torrentielle, on conçoit qu'il est impossible de former aucune conjecture relativement à la durée du dépôt qui a donné naissance au terrain houiller.

Ici se pose la question si intéressante à tous égards de la formation de la houille. L'abondance de végétaux fossiles dans les grès et les schistes qui l'avoisinent fait spontanément concevoir l'idée d'une décomposition végétale. La flore houillère ne comprend pas en effet moins de cinq cents espèces de plantes, au dire de M. Adolphe Brongniart, dont la science botanique a su, par l'étude de simples débris, reconstituer les végétaux qui ornaient alors notre globe. Fécondée par une température qu'on estime au double de celle qu'il possède maintenant, une végétation vraiment tropicale y engendrait, sous notre latitude même, de vastes et splendides forêts de fougères, particulièrement abondantes et caractéristiques, de prêles arborescentes, de sigillaires, de calamités, etc., aux dimensions gigantesques. Les feuilles et les troncs, séparés par l'action des eaux, se rencontrent au milieu des couches, et d'ordinaire dans la direction des plans de stratifications ; mais

II. Les mines de houille

quelquefois aussi, ce qui est fort remarquable, des végétaux plus ou moins complets y sont debout dans une position perpendiculaire à ces plans, et sont les témoins irrécusables d'un ensablement opéré sur place par les matériaux sédimentaires. On a maintes fois cité le fait, — devenu classique après que le savant Al. Brongniart l'eût révélé il y a une trentaine d'années, — d'une carrière de grès houiller des environs de Saint-Étienne offrant aux yeux de l'observateur, dans une planche naturelle de stratigraphie ; un grand nombre d'arbres fossiles verticalement encastrés dans une couche de 6 mètres de puissance. Le fait n'est d'ailleurs point isolé ; on en trouve notamment de remarquables exemples aux mines d'Anzin et dans une exploitation du bassin de Sarrebruck, où les troncs ont été soigneusement conservés en place.

Probablement creux ou pleins seulement d'une moelle légère, ces grands végétaux ont été remplis intérieurement par la roche encaissante ; ils en sont séparés par une écorce houillère de quelques millimètres, tellement peu adhérente à la roche que l'arbre tombe dès qu'il est privé de point d'appui ; Cette écorce, née de la substance organique de la tige, en garde encore le caractère, et porte même les traces des points d'attache des branches. Ce phénomène intéressant rend évidemment : admissible l'hypothèse de la formation des couches de houille par l'entassement de végétaux enfouis encore humides, pressés, desséchés et finalement minéralisés en masse compacte.

Il ne reste plus alors qu'à expliquer cette accumulation des végétaux ainsi carbonisés. Après avoir vainement essayé d'attribuer pour cause à ce phénomène une action des eaux qui aurait transporté les masses houillères, ou une carbonisation d'immenses forêts surmontant des marécages [2], on en est arrivé à reconnaître, dans l'accumulation des matières végétales formant les couches de houille, les traces d'une végétation aquatique et herbacée, purement locale. Cette hypothèse emprunte même une sorte de sanction à ce fait ; que, si dans une houille pure la décomposition originaire n'a laissé naturellement aucune trace de forme des végétaux constituants, la houille rendue impure par un mélange avec les dépôts sédimentaires porte quelques vestiges de végétaux précisément très petits.

Il est en tout cas permis de supposer, d'après l'analogie complète des caractères du terrain houiller, dans le monde, entier, que le dépôt a dû s'en opérer, uniformément dans de plus ou moins vastes dépressions du terrain primaire devenues, marécageuses, puis transformées en bassins houillers. Quand les formations supérieures se sont déposées, elles ont nécessairement recouvert la formation houillère, et il est absolument impossible de connaître l'étendue absolue des dépôts de combustible minéral, la plus grande partie étant enfouie sans que rien puisse en révéler l'existence, et dès lors sans que la recherche soit autre chose qu'une opération entièrement aléatoire. On ne peut en effet explorer utilement que les points où le terrain houiller n'a point été recouvert, ou du moins ne l'a été qu'incomplètement. Et sur ces points, même dans les bassins les mieux connus, d'après les exemples intéressants, d'explorations suivies de succès que j'aurai l'occasion de citer, on peut encore se promettre plus d'une heureuse surprise. Le terrain houiller ne recouvre jamais d'ailleurs une zone continue d'une bien grande étendue : les calculs les plus récents portent la superficie qu'il occupe à la surface du globe à 550,000 kilomètres carrés, dont 500,000 pour la seule Amérique ; la zone discontinue qui le représente en France n'y occupe guère que 3,200 kilomètres carrés sur les 530,000 que comprend la superficie du sol continental. Telle est l'étendue approximative de la portion des dépressions houillères qui, n'étant pas recouverte entièrement par la série des formations secondaire et tertiaire, est restée à peu près à la surface de la France actuelle. Je dis, à peu près, car nos bassins houillers, sauf un très petit nombre d'exceptions, qui comprend le riche bassin de la Loire, sont au moins partiellement, recouverts par les formations dont je viens de parler.

Pour montrer ce que les recherches de mines de houille ont souvent d'aléatoire, il suffira de citer comme exemple le grand bassin secondaire de Paris, lequel peut recéler un groupe de bassins houillers analogue à celui qui est situé au centre de la France, mais, sans qu'on ose hasarder aucune conjecture à cet égard. Depuis un siècle environ, on annonce, de temps à autre qu'une mine de charbon vient d'être découverte près de Paris. Tantôt ' ! est à Nanterre ou à Chatou qu'on fait des explorations, comme en 1786 ; tantôt c'est, à Saint-Martin-la-Garenne, aux environs de Mantes, où, durant, la seconde moitié du XVIIIe siècle, on s'est mis, à quatre reprises différentes, à faire des fouiles sur le même point que la tradition avait jadis, sans plus de fondement, gratifié d'une mine d'argent ; tantôt enfin c'est à Luzarches, où la friponnerie et l'ignorance ont tour à tour donné naissance à des compagnies qui y entreprenaient, avec une persévérance digne d'un meilleur sort, des recherches de houille. Or un kilomètre au moins représente, dans les circonstances les plus favorables, la puissance réunie des formations à percer avant d'arriver à un résultat quelconque. Dans ce dernier cas, les explorateurs raisonnaient contrairement aux principes les plus élémentaires de la géologie : par cela seul qu'à Valenciennes les couches houillères se trouvent, par hasard, immédiatement au-dessous de bancs de craie dont l'épaisseur totale est de 200 mètres, attendu que les formations intermédiaires manquent sur ce point, situé à la lisière du terrain de transition, ils voulaient rechercher partout le charbon au-dessous de la craie. Or le terrain houiller ne peut exister dans le bassin de Paris qu'à la condition d'être recouvert par plusieurs formations, dont deux, celle de la craie et celle du calcaire jurassique, ne manquent point à coup sûr ; de plus, le puits de Grenelle et le puits de Passy montrent que la craie seule a plusieurs centaines de mètres d'épaisseur, et il doit en être à peu près de même du terrain jurassique. On se rappelle la discontinuité de la formation carbonifère ; il pourrait donc parfaitement arriver que le puits, ainsi foré au hasard, tombât, après avoir franchi tous les obstacles du creusement, sur une colline du terrain de transition, au lieu de déboucher dans une dépression houillère, dont l'existence même n'est pas prouvée.

Le terrain houiller n'a généralement pas la régularité que lui assigneraient les indications précédentes : primitivement horizontal, on se le rappelle, il est le plus ordinairement dérangé par des phénomènes contemporains ou postérieurs, d'où résultent des *plissements*, des *crains*, des *failles*, des *brouillages*, des *rejets*, etc., dont il faut chercher la cause dans des accidents généraux ou simplement locaux, et qui peuvent compliquer beaucoup le travail pénible du mineur. Tous les bouleversements puissants qui ont pu se produire ont marqué leurs traces dans les terrains déjà formés. Sous l'influence de pressions considérables, déterminées par l'irruption de roches ignées qui sont venues les traverser ou les bouleverser, les couches de houille ont été ployées, brisées, dérangées de toute sorte de manières. Ainsi une couche a été pénétrée en plusieurs points par des ramifications du grès dans lequel elle a été déposée, ou inversement elle semble s'être injectée dans la roche voisine par un mouvement brusque et de peu de durée. Ailleurs il y a intercalation d'une roche ignée, qui est venue se placer entre deux couches du terrain, comme si la surface de séparation avait plus facilement cédé lors de la brusque apparition de la roche éruptive. Les couches sont quelquefois complètement renversées ; elles sont *brouillées*, c'est-à-dire mélangées de matières étrangères. Elles se renflent subitement, pour se rétrécir infailliblement plus loin et même se perdre complètement, comme si la matière encore molle avait été violemment déplacée dans son lit de dépôt par des mouvements intérieurs. Cette succession de renflements et d'amincissements donne même souvent à la couche l'apparence d'un chapelet à grains lenticulaires ; dans ces amincissements ou *crains*, alors même que le charbon a disparu, une trace reste le plus souvent visible à l'œil exercé du mineur. Tous ces accidents sont évidemment locaux.

Aux accidents généraux se rattachent nécessairement les *plissements* des couches. Les petits bassins lacustres sont d'ordinaire disposés en fond de bateau, parce que dans les deux sens le terrain a été longitudinalement relevé, plus ou moins également, de manière à offrir grossièrement en coupe la y forme d'un arc de cercle qui tourne sa convexité vers le bas. À la superficie, un tel bassin est figuré, dans le cas le plus simple, par une courbe fermée ; la profondeur y croît du centre vers les bords, relevés par les collines du terrain primaire. Mais le type le plus nettement accusé des plis que peut offrir le terrain houiller est le bassin belge, dont nous possédons une portion en France : les couches y forment des zigzags tels qu'on ne peut mieux en donner une idée qu'en en comparant la coupe par un plan transversal à une série de W. Ce fait caractéristique a été produit par une compression violente dans le sens de la largeur du bassin, dont toutes les couches si nombreuses sont régulièrement emboîtées les unes dans les autres par les angles saillants et rentrants, chaque série de plis étant placée sensiblement dans un même plan et les plans de ces plis étant parallèles. Ces plis, souvent extraordinairement brusques, déterminent une série de bassins juxtaposés longitudinalement, dont l'ensemble

II. Les mines de houille

offre d'ailleurs également des plis longitudinaux. À cela près, les couches du bassin pélagien sont moins irrégulières que les couches des bassins lacustres, où les accidents contemporains de l'époque même du dépôt ont laissé relativement plus de traces.

Enfin le terrain houiller présente une série fort importante d'accidents, tantôt généraux, tantôt locaux, auxquels on donne le nom de *failles*. Ce sont des interruptions produites, sans relation aucune avec l'allure des couches, par des masses plates de matériaux stériles dont l'épaisseur varie de quelques décimètres à plusieurs mètres. Ces interruptions, accompagnées d'amincissements et d'étirements de la houille, ont surtout pour résultat de rejeter soit en haut, soit en bas, certaines portions de couches qui ne se trouvent plus ainsi au même niveau de chaque côté de la *faille*. Il y a eu dans ce phénomène une rupture du terrain houiller et un glissement brusque d'une partie de celui-ci. On trouve ainsi dans un bassin un ensemble de *failles* parallèles, le plus souvent en relation ? avec quelque soulèvement des montagnes voisines. Dans ces accidents généraux les ruptures sont peu nombreuses et assez larges, les dénivellations atteignent parfois 200 mètres et réagissent sur toute la série des couches, de telle sorte que si l'une d'elles est souvent assez difficile à retrouver, la distance qui les sépare et qui s'est maintenue donne un moyen facile de chercher les autres. Lorsqu'il ne s'agit que d'accidents locaux, les brisures sont multipliées et étroites, les rejets ne dépassent pas quelques mètres. Dans certaines couches, dit M. Amédée Burat dans son intéressant ouvrage sur les combustibles minéraux [3], les tracés des failles secondaires peuvent être comparés aux fissures d'une glace brisée. — Je n'ai pas besoin d'insister sur l'hésitation qui se trouve alors imprimée à la marche des travaux, malgré les indices généraux ou propres à chaque bassin qui guidaient le mineur dans ces circonstances.

L'épaisseur des couches de houille, qui détermine le mode d'exploitations, est assez ordinairement d'autant moins grande que la couche est plus régulière, de sorte qu'il y a une certaine compensation entre la conduite des travaux d'un bassin et la richesse minérale qu'il renferme. Une couche n'est du reste plus regardée comme exploitable lorsqu'elle a moins de 0m30 d'épaisseur, cas qui se présente assez fréquemment dans le bassin du nord, où du moins le nombre des couches, qui atteint peut-être la centaine, rachète ce qui leur manque en puissance moyenne.

II. – LÉGISLATION HOUILLÈRE.

L'exploitation de la houille, qui est en quelque sorte, connue de temps immémorial, mais dont on n'a entrevu l'utilité industrielle en France qu'à la fin du siècle dernier, apparaît pour la première fois dans ces lettres patentes du 30 septembre 1548 par lesquelles Henri II avait concédé au seigneur de Roberval le monopole exorbitant de toutes les mines du royaume. Le *charbon terrestre* et les *houilles* y figurent dans l'énumération des substances minérales que comprend la concession. On conçoit en effet que l'usage du combustible minéral ait longtemps été restreint au chauffage domestique, à la maréchalerie, à la cuisson de la chaux, qu'il se soit répandu avec beaucoup de lenteur, en raison de l'abondance du combustible végétal ; qu'il soit enfin intimement lié au développement de l'industrie, qui a donné à la houille le rang qu'elle occupe aujourd'hui parmi les matières premières. Cependant il est certain que l'Angleterre, où l'emploi du charbon de terre paraît dater du milieu du XIIe siècle, époque à laquelle commençaient, dit-on, les premiers essais d'exploitation en Belgique, en importait chez nous au commencement du XIVe, alors du reste que le bassin de la Loire était déjà superficiellement exploité, ce qui est évidemment dû à la constatation facile du terrain houiller dans cette région. On voit même en 1520 la faculté de Paris délibérer, à la requête du parlement, sur les inconvénients hygiéniques de la combustion de la houille dans les foyers domestiques. On retrouve la houille parmi les substances que Henri IV avait dans son édit de 1601, exemptées de l'impôt régalien, afin d'encourager les propriétaires du sol à en entreprendre l'extraction ; mais on voit aussi, dans un arrêt du conseil du 14 janvier 1744, portant règlement spécial sur les mines de charbon, que cette libéralité n'avait porté aucun fruit, « soit par la négligence des propriétaires à faire la recherche et l'exploitation desdites mines, soit par le peu de facultés et de connaissances de la part de ceux qui ont tenté de faire sur cela quelque entreprise. Et à ce propos on peut citer un exemple bien remarquable de cette absence de tout esprit déduite qui caractérisait trop souvent l'ancienne administration française. En 1657, Louis XIV, regardant comme nulle et non avenue l'exemption si solennellement proclamée, un demi-siècle auparavant, par son aïeul, abandonnait, pour trente ans, au secrétaire d'état Phélypeaux de La Vrillière son « droit domanial du dixième denier à lui appartenant en toutes les mines de charbon de terre et pierre des provinces du Lyonnais, Forest et Beaujolais. En vain les propriétaires des houillères invoquèrent-ils les dispositions formelles de l'édit de Henri IV ; Louis XIV, dans des lettres de 1660 ; intervenues à l'occasion des difficultés que ceux-ci essayaient de susciter au duc de La Vrillière, rejette leurs prétentions, qu'il qualifie d'*artifices*, et ajoute que c'est par *méprise* que le charbon de terre aurait été excepté du droit régalien.

À dater de 1601 jusqu'à Louis XIV, aucun acte générât ne paraît avoir été rendu au sujet de l'exploitation proprement dite des mines de houille. En 1689 enfin, le grand roi concéda, pour quarante ans, au duc de Nevers toutes les mines de charbon existant dans la province du Nivernais. Il se montre encore plus libéral pour le duc de Montausier, gouverneur du dauphin, époux de la célèbre Julie d'Angennes, — dont il est peut-être piquant de prononcer le nom, de précieuse mémoire, à propos d'un privilège industriel. Le duc de Montausier obtient, à l'exception des mines de charbon de terre du Nivernais, toutes celles qu'il découvrira de gré à gré des propriétaires, en les dédommageant préalablement suivant et ainsi qu'il sera convenu entre eux, avec faculté de vendre et débiter ledit charbon en gros et en détail. Il est à remarquer que le duc de Montausier avait sollicité modestement un privilège perpétuel ; mais, soit que le contrôleur général des finances eût entrevu l'énormité de cette prétention, soit que l'autorité royale tendît à résister davantage aux exigences de la haute noblesse, la concession avait été limitée comme je viens de le dire. Il est même utile d'observer que, d'après les termes de la concession, différents de ceux de la demande, le privilège n'était en quelque sorte que fictif. Le duc de Montausier mourut avant d'avoir pu connaître les effets de sa concession ; mais sa fille et héritière, la duchesse d'Uzès, — celle-là même dont la gracieuse enfance avait consolé la vieillesse chagrine de Mme de Rambouillet, — fut bientôt obligée de faire interpréter le don royal, par suite d'une contestation grave entre un cessionnaire de ses droits et des exploitants de l'Anjou. Ces derniers voulaient n'attribuer à la donataire que le droit d'ouvrir les mines dans les fonds appartenant soit au roi, soit aux particuliers qui ne voudraient pas en faire l'ouverture. La duchesse d'Uzès demandait au contraire que les mines ouvertes ayant le don de 1689 lui fussent concédées, sauf le dédommagement des propriétaires, et qu'elle pût seule faire ouvrir toutes les nouvelles mines, à l'exclusion même des propriétaires. La question était donc nettement posée ; elle fut nettement tranchée par le roi en faveur de la duchesse d'Uzès, qui, si elle ne put troubler l'exploitation des houillères anciennement ouvertes par les propriétaires, reçut du moins le droit d'ouvrir les mines partout où elle en trouverait, en s'arrangeant avec ces propriétaires, ainsi que le droit de les empêcher de fouiller leurs terrains sans sa permission. Ce système ne fut guère en vigueur qu'en apparence, car le 13 mars 1698 un arrêt célèbre, rendu à l'occasion d'un procès intenté au duc d'Uzès, petit-fils du duc de Montausier, par les religieuses de Sainte-Florine en Auvergne, accorda le droit à tous les propriétaires d'exploiter, sans en demander la permission à personne, les mines de houille qu'ils trouveraient dans leurs terrains. Ce régime de liberté absolue fut, je n'ai pas besoin de le dire, la source d'abus désastreux pour la partie importante de la propriété souterraine dont je m'occupe en ce moment, et ils sont constatés dans l'arrêt déjà cité de 17ùû, où on lit que cette liberté indéfinie a fait naître en plusieurs occasions une concurrence entre les propriétaires, également nuisible à leurs entreprises respectives.

Le régime fatal inauguré par l'arrêt de 1698 ne fut pas, grâce à la singulière élasticité des règlements de l'ancienne monarchie, adopté dans toute l'étendue du royaume. Dès 1704, on trouve des concessions particulières et exclusives de mines de houille faites par le souverain à divers seigneurs ; elles soulèvent naturellement des oppositions de la part des propriétaires du sol, qui invoquent l'arrêt de 1698 comme ils avaient, jadis invoqué l'édit de 1601, et ne veulent pas se contenter des indemnités de dédommagement qui leur étaient allouées. Louis XIV cette fois n'ose pas les évincer complètement, mais il stipule un délai de six mois, dans lequel ils doivent ouvrir les mines reconnues dans leurs terrains, sous peine

II. Les mines de houille

d'être déchus de leur droit au profit du concessionnaire. Plus tard, par des motifs au moins puisés dans la nature toute spéciale de la propriété souterraine, les propriétaires ne purent même user de leur droit que dans le cas où ils possédaient quatre arpents de terre d'une même continuité, et avec cette restriction que les fosses seraient ouvertes à plus de 200 perches de celles du concessionnaire et de 200 toises de celles des autres exploitants. Quoi qu'il en soit, le premier retour aux vrais principes qui doivent régir la matière ne s'opéra que sous les règnes suivants. L'arrêt de 1744, renouvelé par Louis XVI en 1783, vint marquer le premier pas qui doive être signalé dans la voie réglementaire pour les mines de houille ; elles ne purent désormais être ouvertes et mises en exploitation qu'après une permission du contrôleur général des finances. Les exploitants furent assujettis à des déclarations d'ordre et de statistique, à des mesures techniques de sécurité, à des indemnités sérieuses envers les propriétaires du sol ; il ne resta de l'édit de 1601 et de l'arrêt de 1698 que l'exemption du droit de dixième. En 1783, une sorte de règlement pratique fut rédigé, pour l'exploitation des charbons de terre, en des termes qui n'ont pour ainsi dire pas vieilli. Avec les progrès de l'industrie houillère, une sorte de jurisprudence s'établit, par laquelle le contrôleur général des finances s'arrogea le droit d'accorder des permissions provisoires de recherches, de ne donner des concessions houillères qu'aux demandeurs intelligents et suffisamment riches, en exigeant d'eux la justification de travaux sérieux d'exploitation et en tenant la main à ce que les propriétaires du sol, préférés quand cela était possible, eussent au moins dix arpents de terre contigus. À toute époque, la rareté et la cherté du bois sont mises en avant par les demandeurs en concessions houillères. En 1788 par exemple, des bourgeois de Falaise disent dans leur requête que ce charbon servira au chauffage du peuple, qui ne peut continuer à filer pendant l'hiver, vu la rigueur du froid. Dans cette même année, l'Académie des Sciences proposait pour sujet de prix d'histoire naturelle l'indication des faits propres à guider les recherches et les exploitations de houille, et renouvelait sa tentative en 1791, puis en 1793, car le prix ne fut décerné que la troisième fois.

La loi de 1791, qui marque, on s'en souvient, une ère de transition dans la législation minérale, ne s'occupe pas d'une manière particulière des mines de houille ; elles furent en droit, à partir de ce moment, sur le même pied que les mines de métaux autres que le fer, et je n'aurais plus à y revenir, si je ne voulais encore une fois rappeler le régime désastreux que cette loi établit pendant vingt ans, en reconnaissant un droit sur la partie superficielle des mines au propriétaire du sol. On voit dès-lors que, relativement aux mines de houille, elle tendait à entraver le développement de la propriété souterraine, en consacrant et perpétuant des abus que le législateur devait si facilement prévoir, — abus qui subsistèrent jusqu'en 1810, époque à laquelle fut enfin inauguré sérieusement le régime salutaire des concessions. Or, durant cette vingtaine d'années, l'industrie houillère commençait précisément à se développer en France et à y prendre rang ; la production montait de 2,500,000 quintaux métriques à 8 millions, et la, consommation de 4,500,000 à près de 9 millions.

La législation actuelle des mines ne contient rien de spécial en ce qui concerne la houille ; mais cette précieuse substance est, on le conçoit sans peine, étroitement liée à l'histoire moderne de la propriété souterraine en France. C'est elle qui a motivé la loi si importante du 27 avril 1838. Depuis plusieurs années, l'administration ne pouvait parvenir à convaincre les concessionnaires des mines de Rive-de-Gier du tort qu'ils se faisaient à eux-mêmes en ne mettant point un terme aux ravages toujours croissants de l'envahissement des eaux. Avec cet égoïsme cupide qui semble parfois être une des conditions vitales de l'industrie, les possesseurs de la partie supérieure du bassin répondaient en montrant les possesseurs de la partie inférieure anéantis et ne leur faisant plus concurrence, le prix d'extraction moindre et le prix de vente plus considérable ; enfin ils alléguaient l'*ultima ratio* des industriels, le bénéfice. Quant à l'intérêt public, la production était inférieure à la consommation, et l'avenir des mines était gravement compromis par un système d'exploitation en désaccord avec les règles les plus élémentaires de l'art ; les plaintes surgissaient de toutes parts. L'intervention de l'état était évidemment obligatoire en pareille occurrence ; il fallait forcer les exploitants à assurer la conservation, l'aménagement rationnel du précieux dépôt qui leur avait été confié, et arrêter les ravages irréparables qui devraient être les conséquences inévitables d'une incurie systématique et intéressée. La loi de 1838 atteignit

II. Les mines de houille

complètement ce but d'utilité publique.

À l'histoire de l'industrie houillère se rattache également la promulgation du décret du 23 octobre 1852 sur la réunion des concessions de même nature. La première phase de l'épisode qui a donné naissance à cet acte complémentaire de la loi de 1810 a été exposée ici même [4] avec trop d'autorité pour que je ne sois pas dispensé d'y revenir en détail ; je me contenterai de rappeler qu'il s'agissait de la puissante agglomération des mines de la Loire, au sujet de laquelle s'était posée, avec toute l'importance d'un fait social (suivant la très juste expression de l'écrivain), la question de savoir si la réunion de plusieurs mines dans une même main était ou non, un acte permis par la loi fondamentale. Le gouvernement avait déclaré à plusieurs reprises qu'il ne se croyait pas le droit de dissoudre des associations de ce genre. En même temps, reconnaissant tous les dangers qu'elles pouvaient offrir ; il refusait à la compagnie l'autorisation de se constituer en société anonyme, et négociait avec elle un fractionnement auquel celle-ci semblait vouloir se prêter. Exhumer aujourd'hui des débats dont la vivacité n'a point été oubliée sans doute de ceux qui suivent avec intérêt les problèmes d'économie publique serait tout à fait inutile : qu'il suffise de dire qu'au moment où la révolution de février éclata, elle trouva les passions locales dans une effervescence que la situation politique ne devait certainement pas calmer. La question se présenta donc de nouveau avec toutes ses exigences ; la puissante compagnie traversa sans encombre cette époque difficile, qui pouvait lui être particulièrement fatale. Enhardie peut-être, elle rêva, il y a cinq ans, une association avec des mines d'autres bassins houillers, et ne fut arrêtée que par le décret dont je viens de rappeler la date. Ce décret n'atteignait pas d'ailleurs non plus que le projet de loi présenté dans le même sens, à la fin de 1848, à l'assemblée constituante et retiré après le 10 décembre, l'agglomération des mines de la Loire, attendu que ses envahissements progressifs étaient depuis longtemps passés à l'état de faits accomplis. Néanmoins le fractionnement de la grande association houillère a été une conséquence directe de cet acte important de la législation minérale ; la dissolution de la compagnie des mines de la Loire sembla nécessaire au gouvernement, et des propositions que celle-ci fût invitée à lui soumettre aboutirent finalement, le 17 octobre 1854, à quatre décrets qui autorisaient autant de sociétés anonymes, représentant la société qui avait en vain poursuivi jusqu'alors l'homologation de ses statuts. Le démembrement fut consommé avec l'aide du Crédit mobilier, qui, concourant à la solution financière de cette question délicate, s'est chargé de desservir la dette de la compagnie primitive et a pu opérer le fractionnement sans trop de secousses pour les intéressés des compagnies nouvelles.

Pour bien comprendre le rôle de cette gigantesque association, qui a encouru des reproches mérités, mais qui a aussi rendu de grands services à l'industrie houillère de la Loire, il convient de se reporter à l'époque où il s'agissait d'effectuer dans ce département la régularisation prescrite par la loi de 1810. Cette opération ne put être achevée qu'en 1824 ; quatorze ans furent perdus dans une lutte acharnée entre les propriétaires de la surface, qui voulaient ressusciter le système de la propriété privée, et les exploitants, leurs fermiers, qui invoquaient comme titre la création à leurs risques et périls de l'industrie houillère. Comme il arrive trop souvent dans un conflit de passions locales, une transaction déplorable fut substituée à la solution rationnelle que réclamait le problème, et annihila de cette façon les effets salutaires qu'avait eus en vue le législateur de 1810. Les propriétaires se réunissaient en nombre suffisant pour présenter à l'administration une superficie capable de former le périmètre d'une concession, demandaient cette concession, tracée sans relation aucune avec l'allure déjà assez nette du terrain houiller, l'obtenaient, et reprenaient le lendemain la libre disposition du tréfonds, réalisant ainsi illégalement le système proscrit par la loi et en tirant les conséquences fâcheuses qu'il ne peut manquer d'entraîner. Quant aux petits propriétaires, ils reçurent cette redevance tréfoncière exorbitante et exceptionnelle dont j'ai parlé ailleurs. Le bassin de la Loire, où devaient poindre plus tard les dangers du monopole, fut le théâtre d'une concurrence excessive, dont la houille en nature était la monnaie courante et dépréciée. Les concessionnaires se la partageaient, les propriétaires du sol la recevaient pour redevance, les ouvriers même la prenaient en guise de salaire. Le premier remède apporté à cet état d'anarchie, de gaspillage et finalement de misère fut la constitution de sociétés particulières ; j'ai dit tout à l'heure combien il fut insuffisant, en faisant connaître l'origine de la loi de 1838. C'est quelques années plus tard que, sous prétexte de mettre fin aux inconvénients évidents d'un morcellement irrationnel du sol houiller, se forma la vaste association qui groupa les sociétés elles-mêmes et vint se heurter contre l'excès contraire, tout en réparant dans une certaine mesure les fautes dont elle héritait.

Dans de certaines limites, l'agglomération dans les mêmes mains des concessions de mines est en effet une bonne chose, eu égard à la concentration qu'exige forcément un aménagement rationnel de la richesse minérale, aux moyens puissants qu'il faut souvent employer pour vaincre des obstacles qui peuvent être gigantesques, pour extraire les minerais, pour épuiser les eaux, pour créer, les chantiers d'exploitation, eu égard encore aux capitaux considérables que réclame une industrie qui ne peut être convenablement exercée que sur une grande échelle. On conçoit combien, industriellement parlant, une compagnie puissante peut être plus propre que des concessionnaires individuels à l'aménagement d'un bassin houiller : mais la concurrence est commercialement indispensable ; sans elle, le champ resterait ouvert au monopole. Il est temps maintenant d'aborder la question du travail souterrain lui-même, qu'on n'a pu jusqu'ici qu'entrevoir.

III. – PROCÉDÉS D'EXPLORATION.

Il ne peut entrer dans le plan de cette étude de décrire minutieusement les procédés si variés employés pour l'exploitation de la propriété minérale ; mais il est du moins possible, sans sortir des considérations générales, de donner une idée suffisamment nette des ressources dont dispose le mineur pour arracher à la terre les trésors qu'elle recèle. L'art des mines n'est du reste, jusqu'à un certain point, que le résultat d'une pratique séculaire, améliorée par des notions théoriques qui sont venues tardivement, à la suite du progrès des sciences dont cet art est tributaire, fournir les moyens d'expliquer ce qui s'était toujours fait, et faciliter le perfectionnement des méthodes d'exploitation. J'indiquerai plus particulièrement quelques-uns des procédés propres à mettre en lumière la puissance du génie humain s'appliquant à l'extraction des produits minéraux.

Le hasard préside le plus souvent à la découverte des mines ; cependant, en ce qui touche la houille, la présence de la formation géologique à laquelle appartient cette précieuse substance est, on a pu le concevoir, un indice suffisant pour entreprendre des explorations offrant des chances de réussite. C'est en semblable circonstance par exemple, lorsqu'il existe des exploitations houillères dans le voisinage, qu'un sondage, bien moins dispendieux que le creusement d'un puits, peut être pratiqué avec avantage. On sait que ce procédé, qui n'est point particulier à l'art des mines et qui est notamment usité pour le forage des puits artésiens, consiste à percer un trou de petit diamètre au moyen d'un assemblage de tiges en fer ou en bois de 5 à 6 mètres de longueur, suspendu par une extrémité à une chaîne attachée à un engin qui varie avec la profondeur, et terminé à l'autre par un outil approprié à la nature du terrain et aux diverses phases de l'opération. Cette immense tarière, que MM. Mulot et Kind, dont les puits de Grenelle et de Passy ont rendu les noms populaires en France, et M. Degousée ont si bien perfectionnée, sert maintenant à attaquer la roche, à extraire les produits de l'excavation et les boues qu'ils engendrent, à retirer du trou les fragments des tiges ou des outils à la suite d'un accident qui en a déterminé la rupture, aussi bien que les corps étrangers dont la chute peut entraver le sondage [5], enfin à constater la nature et l'épaisseur des roches traversées aux diverses profondeurs, de manière à permettre de se figurer toute la succession des terrains ; elle sert même à vérifier la direction et l'inclinaison des couches. Je n'ai pas besoin de dire combien un sondage, d'autant plus difficile et plus cher que le trou est plus profond, est minutieux, combien les conditions varient avec la nature des terrains où il est pratiqué, combien le moindre accident fait perdre de temps et d'argent, au point d'obliger parfois à interrompre un forage pour en recommencer un autre. Il suffit de noter que, dans les recherches de houille, le diamètre du trou, variable avec la profondeur finale et le terrain où il est creusé, n'est plus au fond que de quelques centimètres. Ce n'est pas sans un sentiment réel d'admiration qu'on peut penser à un sondage récemment exécuté par M. Kind, pour la compagnie du Creuzot, afin de rechercher le terrain houiller, et dépassant la profondeur de 800 mètres.

Indépendamment des sondages et des puits, verticaux ou inclinés

II. Les mines de houille

suivant la couche dont on connaît l'affleurement à la surface du sol, on se sert encore utilement, dans les explorations de houille, de simples tranchées à ciel ouvert, menées normalement à la direction présumée de cette couche et plus ou moins profondément. Trois exemples pris dans des régions différentes de la France, où des recherches ont été couronnées d'un plein succès, montreront l'intérêt qui doit s'attacher à ces sortes de travaux.

Le plus important des bassins houillers de la France est celui de la Loire [6], où une trentaine de couches d'un combustible minéral de qualités pures et variées offrent ensemble une cinquantaine de mètres d'épaisseur. Ce bassin repose sur un conglomérat de roches brisées qui occupe une assez grande superficie, et comprend quatre systèmes ou séries de couches dont la séparation est nettement accusée par des massifs stériles, plus ou moins considérables, essentiellement formés de poudingues et de grès. On avait primitivement supposé, avec une apparence de raison qui s'est heureusement évanouie devant une plus grande somme de connaissances acquises, que la ligne de partage des vallées du Rhône et de la Saône était également la ligne de séparation de deux bassins distincts, empruntant leur nom aux deux grandes cités manufacturières qui se sont élevées sur ces centres houillère, à Saint-Étienne et à Rive-de-Gier. Nul n'était mieux préparé à discuter cette hypothèse que M. Gruner, ingénieur en chef des mines, qui a consacré une partie de sa vie à une étude approfondie du terrain houiller de la Loire : il a montré que les deux groupes houillers de Saint-Étienne et Rive-de-Gier ne formaient en définitive qu'un bassin unique ; il a défini nettement les rapports de superposition et la situation relative des couches désormais communes, en même temps qu'il indiquait l'étendue probable de chacune d'elles et qu'il inventoriait approximativement la richesse houillère du département de la Loire. On aperçoit tout de suite les conséquences industrielles d'études géologiques conduites avec cette persistante sagacité que le succès manque rarement de consacrer. Le prolongement de ces couches de Rive-de-Gier, à la fin desquelles on pouvait se croire arrivé, augmente immédiatement notre fortune houillère de toute la quantité de houille qui reste encore à extraire en ce point de notre territoire. — D'un autre côté, le bassin prussien de Sarrebruck et le bassin de la Belgique vont nous offrir deux exemples bien remarquables des nouveaux gîtes de houille que des travaux de recherche menés à grands frais et avec une patience extraordinaire ont récemment conquis à l'industrie française. Là encore nous rencontrerons des membres du corps des mines contribuant activement au développement de la richesse houillère du pays.

« On rapporte, lit-on dans un ouvrage sur le bassin houiller de la Sarre [7], que la manière dont le terrain est limité à l'ouest de la Sarre ne fut pas sans influence sur la division du territoire entre la Prusse et la France, définitivement adoptée par la convention du 20 novembre 1815, et que la frontière entre Sarrebruck et Sarrelouis fut tracée en vue de priver cette dernière des richesses qu'elle avait possédées pendant vingt et un ans. Que le fait soit vrai ou non, et l'on conçoit en tout cas que les Allemands tinssent à rentrer en possession de richesses auxquelles ils avaient à coup sûr des droits antérieurs à ceux de notre conquête, il est certain que le terrain houiller est apparent en Prusse, tandis qu'il ne se montre point dans le département de la Moselle. Il est à peine besoin de dire que cette perte, vivement sentie dans nos provinces de l'est [8], provoque autre chose que de stériles regrets, et l'idée de rechercher sur le sol français le prolongement du bassin prussien germa aussitôt dans les têtes lorraines. Dès 1816, des sondages pratiqués aux environs de Forbach avaient résolu d'une façon péremptoire la question même du prolongement, mais ils n'avaient donné que ce résultat, d'ailleurs fort important. Suivis en 1820 de l'institution d'une concession, les travaux d'exploration avaient à peine pu être transformés en travaux d'exploitation, par suite de l'abondance des eaux rencontrées clans le creusement d'un puits, qui, à une trentaine de mètres de profondeur, donnait déjà 270 hectolitres d'eau par heure. Cette quantité fut même quadruplée un peu plus tard, mais sans paralyser les efforts des exploitants, qui avaient courageusement accru leurs moyens d'épuisement et ne rencontraient plus d'obstacles de ce côté en 1829. Malheureusement le puits, profond alors de 100 mètres, se trouvait placé sur un de ces accidents de terrain qui attendent trop souvent l'explorateur des gîtes houillers à la fin de ses travaux de reconnaissance ; les couches de combustible atteintes étaient dérangées, impures, irrégulières, et finalement une nouvelle irruption des eaux, contre

II. Les mines de houille

lesquelles on ne se tenait plus en garde, chassa les mineurs des galeries de recherche, qui furent abandonnées ; le creusement du puits fut seul prolongé, et la profondeur de 229 mètres fut obtenue. Après quelques moments d'espoir, dus à la rencontre de couches qui avaient une belle apparence, le découragement s'empara des exploitants, qui voyaient ces couches devenir médiocres, et ils se retirèrent définitivement en 1836 : ils avaient infructueusement dépensé un million !

Cet abandon jeta la contrée dans un véritable désespoir, résultat naturel des espérances excessives qui avaient été conçues, et fit douter un instant du succès de toute entreprise ayant pour but de trouver en France le prolongement du bassin de Sarrebruck de 1819 à 1824, le conseil général de la Moselle avait voté des fonds pour l'exploration du terrain houiller ; ce ne fut qu'en 1843 que la chambre de commerce de Metz émit le vœu que des études y fussent entreprises par les soins de l'administration des mines. Comme le remarque justement M. Jacquot dans l'intéressant résumé de ces études, dont il avait été chargé, le découragement était tout simplement irréfléchi ; le défaut relatif de succès ne tenait absolument qu'à l'imperfection des moyens d'exploration employés et à l'emplacement si malencontreux du puits. Néanmoins la société primitive ne put se reconstituer, et dut vendre sa concession à de nouveaux propriétaires, qui, dans deux sondages entrepris de 1841 à 1845, ne furent pas plus heureux que leurs devanciers.

Si je m'étends à dessein sur ces recherches, ce n'est pas seulement en raison de l'intérêt qu'elles empruntent aux circonstances actuelles de la création d'un centre de richesse minérale destiné à accroître la prospérité industrielle de deux de nos plus belles provinces ; c'est aussi pour donner une idée des alternatives de bonheur et de malheur qui marquent trop souvent les commencements d'une exploitation minérale. Avec la dernière des dates que je viens de rappeler s'était terminée la phase des revers dans la partie française, du bassin de la Sarre. Une nouvelle société, composée de riches industriels du pays, s'adjoignit à la fin de 1846 l'ingénieur saxon M. Kind ; pourvue alors des moyens les plus perfectionnés, elle entreprit avec rapidité de nouvelles recherches, presque immédiatement couronnées de succès, et qui n'ont eu qu'un court moment d'arrêt, occasionné par la crise industrielle de 1848.

Maintenant plus de trente sondages, entrepris par des compagnies créées dans la Lorraine ou à Paris, sont faits de tous côtés avec cette activité fiévreuse qu'engendre le succès ; deux concessions ont déjà été instituées, des demandes en concession s'instruisent ; le terrain houiller, reconnu sur une assez grande étendue, paraît contenir plusieurs couches d'un combustible de bonne qualité, d'allures suffisamment régulières, et d'une puissance totale atteignant parfois une dizaine de mètres.

Un exemple plus curieux encore des dépenses énormes qu'occasionnent trop fréquemment les travaux de recherche nous sera fourni par le bassin du nord. Comme dans l'est, le terrain houiller s'y enfonce, sous des formations postérieures, à une profondeur qui croît à mesure qu'on s'éloigne de la partie représentée hors de France à la superficie, et sans que rien fasse présumer ce qui est relatif, au prolongement souterrain. La complication, qu'introduit dans les recherches cet état naturel des choses explique comment la constatation de la richesse houillère du Hainaut a été réellement précédée du creusement de trente-quatre puits, auquel dix-neuf années et 1,400,000 livres avaient été employés. Ce fut essentiellement un Belge, Jacques Desandrouin, exploitant intelligent et habile de houillères dans la province de Charleroi, qui, en 1720, puis en 1734, grâce à son génie persévérant, dota la France du second, par ordre d'importance, de ses bassins houillers, et jeta les premiers fondements de ce superbe établissement d'Anzin, qui a aujourd'hui 50 puits de mines en activité, possède 50 machines à vapeur d'une force totale de 1,550 chevaux, et donne du travail à 8,500 ouvriers recevant ensemble un salaire annuel de 4 millions de francs. Constitué en 1757, presque immédiatement prospère, saccagé avec tout le pays par les Autrichiens en 1792, — époque à laquelle 4,000 ouvriers extrayaient déjà annuellement 3,750,000 quint, métriques de houille par 37 puits (on dit que jusqu'alors plus de 150 avaient été creusés) avec 12 machines à vapeur, — exploité un moment par l'état, reconstitué bientôt sur des bases puissantes qui l'ont amené au degré de prospérité dont il jouit de nos jours, le centre houiller d'Anzin, dont la valeur est approximativement représentée par un capital de 43 millions de francs, produit maintenant 12 millions de quintaux métriques de charbon, c'est-à-dire le sixième de l'extraction totale de la France. En 1699, le

II. Les mines de houille

pauvre village d'Anzin avait 221 habitants ; ce nombre s'élevait à 2,898 en 1801 ; aujourd'hui la commune d'Anzin en compte 5 ou 6,000. À cet accroissement de population correspond un progrès équivalent de l'industrie et de l'agriculture, qui a complètement changé la face du pays.

M. Edouard Grar, dans une remarquable histoire des mines, de houille du nord de la France [9], où il a mis au service d'un vif amour de son pays natal un grand talent et une érudition profonde, a rassemblé tous les éléments propres à faire connaître exactement l'origine du célèbre établissement d'Anzin. C'est la constitution définitive d'une portion française du Hainaut, en 1697, qui a été le motif déterminant des tentatives de recherche faites par ceux qui, après avoir participé aux richesses houillères de la portion autrichienne, s'en voyaient privés tout à coup. Les excitations du gouvernement français donnèrent lieu à d'innombrables explorations, à quelques-unes desquelles il contribua pécuniairement, mais dont aucune ne réussit. Sans se laisser effrayer par un infructueux engloutissement de capitaux considérables, comptant sur des connaissances techniques que ne possédaient pas ses prédécesseurs pour lutter contre les difficultés du terrain et l'abondance des eaux, le vicomte Desandrouin s'associa quelques hommes habiles, parmi lesquels les Mathieu, les Taffin, les Laurent, méritent d'être cités à côté de lui. Au commencement de 1720, c'est-à-dire au bout de dix-huit mois, l'audacieux explorateur tomba à Fresnes sur une couche de houille qu'il attaquait avec joie, lorsqu'à la fin de cette même année une irruption subite d'eaux, qu'il fut impossible de maîtriser, envahit ses travaux et l'obligea à les abandonner complètement. Desandrouin, voyant surtout dans son échec la certitude de l'existence de la houille, ne se découragea point, abandonné de ses associés primitifs, en recrutant d'autres, suivait jour et nuit les phases de son entreprise, il consacra 100,000 écus à la réalisation du projet de recherche dont il était l'auteur. Dans un conte en vers, intitulé *le Noble Charbonnier* et destiné à montrer que l'histoire de l'industrie peut s'allier à une inspiration poétique de bon aloi, M. Audenelle, membre de la Société d'agriculture, sciences et arts de Valenciennes, a raconté sous une forme attachante la découverte de la houille dans le Hainaut. Il représente son héros parcourant la campagne en proie à son idée créatrice, obsédé plus souvent par le doute que soutenu par l'espérance, souriant à peine à une fille chérie, vingt fois abandonnant la partie, vingt fois la reprenant, arrivant à ce moment suprême où le défaut de ressources va définitivement faire évanouir son rêve, apercevant déjà l'usurier qui s'abat sur son vieux donjon, se voyant traité de fou par cette opinion publique qui n'a de gloire que pour le succès, jetant pourtant un regard prophétique sur ces bienfaits de l'industrie qu'il ne lui aura pas été donné de réaliser, mais qu'un autre saura certainement produire, et bénissant ses enfants dans une dernière étreinte. C'est alors que le drame se termine d'une façon vraiment touchante par l'apparition d'un char pavoisé portant le premier morceau de houille extraite du Hainaut. L'histoire du *Noble Charbonnier* n'est, on le dit, en grande partie que l'histoire même du vicomte Desandrouin.

Ce ne fut que vingt-deux ans après la découverte de la houille à Anzin que se forma la compagnie des mines de ce nom, née d'une fusion de la société Desandrouin avec deux compagnies rivales. En effet, les imitateurs devaient encore moins manquer après le succès qu'auparavant, et le mouvement que je signalais tout à l'heure dans l'est n'est que la reproduction de ce qui se passa dans le nord pendant la seconde moitié du XVIIIe siècle. De plus, les recherches furent entreprises un peu à tort et à travers, et, si quelques-unes furent heureuses, le plus grand nombre ruina ceux qui les faisaient. Parmi les trois compagnies qui découvrirent la houille, aucune ne put d'ailleurs l'exploiter avec bénéfice. Ce ne fut donc point devant la concurrence que la compagnie Desandrouin baissa pavillon ; ce fut à la suite d'une lutte judiciaire qu'il serait trop long de raconter ici. Deux ans après la création de la compagnie d'Anzin, le *noble charbonnier* mourut, comme s'il eût alors, remarque ingénieusement M. Grar, accompli sa tâche. Au moment de la révolution, le bénéfice annuel de la compagnie d'Anzin était de 1,200,000 francs. Le génie industriel semble héréditaire dans la famille Desandrouin, car ce fut le fils qui, après la dévastation autrichienne, releva l'établissement créé par le père. Il en est de même de cette famille des Mathieu, que je viens de nommer à côté de Desandrouin, et dont les membres trouvaient, en 1834, la houille sur un autre point du Hainaut et fondaient la compagnie de Douchy.

Il s'écoula en effet un laps de temps bien long avant que le

II. Les mines de houille

prolongement en France du bassin houiller de la Belgique fût reconnu jusqu'à Douai, pour être plus tard également constaté vers Arras et après quelques tâtonnements dans la direction de Boulogne. Ce ne fut guère qu'en 1830 que le mouvement des recherches reprit avec une intensité qui n'a plus cessé, et qui a été signalée par les plus grands écarts. À peu près à cette époque, quatre nouvelles concessions houillères, dont deux en faveur de la compagnie d'Anzin, furent instituées. On vit à cette occasion se produire un fait qu'il n'est pas sans intérêt de rappeler à ceux qui seraient tentés de croire que nous valons moins que la génération précédente, et que la fièvre de l'agiotage est particulière à l'industrie des chemins de fer : une action qui valait un peu plus de 2,000 francs se cotait 300,000 fr. avant même que le charbon eût été rencontré. D'autres faits du même ordre se rattachent à l'histoire de l'industrie houillère, notamment à l'époque de la crise financière de 1838. Un membre de la commission de l'association houillère du bassin de la Loire citait au conseil général des manufactures, dans la séance du 13 juin 1846, une concession achetée 20,000 fr. et mise en société comme apport de 800,000 fr. avec un fonds de roulement de 300,000 fr., le tout mobilisé en actions. L'industrie, nécessairement aléatoire, des mines était naturellement prédestinée à servir de théâtre aux exploits des manieurs d'argent.

En 1837, dans le département du Nord, soixante-dix demandes de concessions houillères étaient à la fois inscrites à la préfecture ; les sociétés de recherches semblaient sortir de terre, dit un témoin oculaire de l'engouement effréné avec lequel on se livrait dans cette région à la poursuite du combustible minéral. Pendant longtemps, les sondages, qui, dans la période moderne, se substituent aux puits, tombèrent en dehors des limites du terrain houiller que les explorateurs s'acharnaient à poursuivre dans une direction que lui attribuait son allure générale en Belgique. Je ne parle pas de ceux, malheureusement en majorité et ayant absorbé la somme la plus considérable de capitaux, qui ont été entrepris dans l'ignorance absolue des principes les plus élémentaires de la géologie pratique, et qui ne pouvaient aboutir qu'à des résultats entièrement négatifs ; je parle de ceux dont l'emplacement était rationnellement choisi d'après des considérations de voisinage et les caractères scientifiques du terrain. Cependant, grâce à l'intelligente impulsion donnée aux explorations par les études consciencieuses de M. du Souich, ingénieur des mines, la pratique des recherches dans le département du Nord s'est beaucoup régularisée. Finalement le bassin houiller comprend environ une trentaine de concessions successivement instituées, dont l'ensemble produit 20 millions de quintaux de houille, extraits pour les deux tiers, on le remarquera, par la compagnie d'Anzin [10]. Il est bien constaté maintenant que le précieux dépôt s'infléchit en France de manière à laisser en dehors la ville d'Arras, non loin de laquelle il vient passer. Les recherches continuent du reste à être la grande préoccupation des industriels des départements du Nord et du Pas-de-Calais, et offrent des chances réelles de réussite.

IV. – MODE D'EXPLOITATION.

La tâche de l'exploitant ne commence que lorsque celle de l'explorateur est terminée ; mais il importe d'observer que les deux rôles continuent cependant à être, juxtaposes pour tout concessionnaire qui veut connaître sérieusement la propriété dont il a été investi et concevoir l'édifice souterrain qu'il va y construire, de telle sorte qu'il puisse extraire le plus sûrement et le plus économiquement la plus grande partie de la houille. Les travaux préparatoires constituent une partie essentielle de l'exploitation : ce n'est que par eux que l'exploitant, disposant alors de travaux à divers états d'avancement, peut espérer d'obtenir une extraction régulière et se voir à l'abri des éventualités fâcheuses.

Contrairement aux règles d'un aménagement rationnel de la propriété souterraine, les mines de houille ont primitivement été ouvertes sur les affleurements mêmes des couches, soit à ciel ouvert, soit par de petits travaux souterrains qui n'avaient pour engins d'extraction qu'un modeste treuil, tout au plus un petit manège ; on se servait de sacs pour tirer le charbon, et de seaux pour épuiser les eaux souterraines. C'est notamment ainsi qu'a été exploité, le bassin houiller de la Loire durant les deux premiers tiers du XVIIIe siècle. Il existe encore maintenant en France quelques mines à ciel ouvert, dans l'Allier et l'Aveyron par exemple, mais elles sont en infime minorité. On atteint de préférence aujourd'hui

II. Les mines de houille

les couches à une très grande profondeur par des puits et par des galeries qui ne débouchent qu'exceptionnellement au jour ; quand le gîte houiller est situé dans une montagne.

Le creusement de ces puits est à coup sûr l'un des exemples les plus remarquables des luttes hardies que l'homme engage avec la nature pour lui arracher les richesses qui constituent la propriété souterraine, luttes d'où il sort généralement victorieux. Tantôt, quand il rencontre une portion de terrain sans consistance, il y enfonce un large et long tube en fer, enlevant le terrain ainsi isolé de la masse, soit au fur et à mesure de l'avancement, soit lorsque le tube est arrivé à un terrain solide. Tantôt, et c'est par ce procédé que notre compatriote Brunel a creusé l'un des puits qui donnent accès au tunnel de la Tamise, il descend une tour de maçonnerie qui s'enfonce par son propre poids : dans le cas que je cite la tour gigantesque, d'une hauteur de 10 mètres environ, emportait la machine à vapeur qui devait servir à vider l'espace cylindrique ainsi déterminé ; tantôt enfin, et je dois m'arrêter quelques instans sur ce procédé original, dû à l'un des hommes qui entendent le mieux la recherche du combustible minéral, on ne songe pas à épuiser les eaux, on les refoule d'une manière permanente au moyen de l'air comprimé.

Dans le creusement d'un puits au milieu de sables mouvants et acquifères sur une des rives de la Loire, il s'agissait, — alors qu'un tube d'une vingtaine de mettes avait déjà été enfoncé jusqu'au terrain solide, — de contenir les eaux pour relier hermétiquement le tube à ce terrain. M. Triger, dont la méthode hardie a été plus tard appliquée avec le même succès au foncement des puits dans le terrain houiller du nord, eut l'idée en 1839 de surmonter le tube d'un appareil qu'il appelle *sas-à-air*, et qui est une modification fort ingénieuse de la cloche à plongeur. Qu'on se figure un vaste cylindre en fonte, muni d'une soupape de sûreté, destinée à empêcher une élévation trop grande dans la pression de l'atmosphère artificielle dont il va être rempli, et de deux portes s'ouvrant en gens inverse, c'est-à-dire vers l'intérieur, pour permettre l'entrée et la sortie des hommes et des matériaux, et placées l'une à la base supérieure du cylindre, l'autre à la base inférieure, — celle qui est au-dessus du tube garnissant le puits. Cette immense boîte est pourvue de deux robinets, situés comme les deux portes dont je viens de parler, et la mettant en communication l'un avec l'atmosphère extérieure, l'autre avec le tube. Durant la période de travail, le premier de ces robinets est fermé, le second est ouvert ; une machine à comprimé de l'air sous une pression de trois atmosphères (deux effectives) dans le sas, et par suite dans le tube - puisque ces deux espaces communiquent ensemble, l'eau est refoulée, et les ouvriers, travaillant à sec au fond du puits, envoient leurs déblais dans le sas-à-air par l'intermédiaire d'un petit treuil. La porte inférieure joue librement, et la porte supérieure est fortement pressée. Au moment où les ouvriers doivent sortir, on ferme la porte et le robinet inférieurs, et on ouvre avec précaution le robinet supérieur ; l'équilibre atmosphérique se rétablit dans le sas-à-air, la porte supérieure peut être ouverte, et les ouvriers quittent le travail. Une manœuvre tout à fait inverse s'opère lorsqu'ils viennent le reprendre.

Il se passe là, on le pressent, des effets physiologiques tout particuliers pour les ouvriers, qui travaillent dans une atmosphère d'une pression double de celle à laquelle ils sont habitués, et qu'il serait téméraire de vouloir beaucoup dépasser, dans cette atmosphère artificielle, l'homme peut à peine siffler ; il ne parle qu'avec effort, et nasille plus ou moins ; il ressent une sorte de bien-être excessif, dû à l'activité de la respiration, accusée par la rapidité du phénomène de la combustion [11], qui est telle qu'il faut des lampes à mèches très petites pour l'éclairage. La circulation du sang toutefois ne paraît pas se modifier ; la sensation de douleur ou tout au moins de gêne ne se manifeste qu'au commencement de la production et au moment de la cessation de l'atmosphère artificielle. Quand l'ouvrier a pris place dans le sas et que la pression de l'air augmente, il éprouve des bourdonnements et des douleurs d'oreilles pendant plusieurs secondes, et respire avec quelque difficulté ; quand il y revient pour sortir et que l'équilibre ordinaire tend à se rétablir, il se trouve sous l'impression du froid engendré par la raréfaction de l'air primitivement comprimé, et tel qu'un brouillard épais remplit le sas. Enfin, plusieurs heures après avoir quitté le travail, il est sujet à des maux de tête, à des douleurs dans les articulations qui ont parfois été jusqu'à la perclusion des membres, il garde aussi une sensibilité maladive des organes de l'ouïe ; mais, je dois me hâter de le dire, ces effets

II. Les mines de houille

fâcheux paraissent toujours avoir été momentanés et avoir cédé à un traitement fort simple. Néanmoins il ne faut employer dans un travail aussi exceptionnel que des hommes jeunes, robustes, d'une grande tempérance, auxquels on doit donner une nourriture très substantielle.

Cette compression atmosphérique présente en outre le danger de l'explosion du sas-à-air, et un accident grave de ce genre est arrivé dans le département du Nord à la fin de 1846. Un soir, le couvercle se brisa subitement avec fracas, probablement par suite du mouvement descensionnel qu'avait pris un massif de maçonnerie placé au-dessus de l'appareil. Quatre ouvriers qui se trouvaient dans le sas-à-air furent violemment projetés contre les parois et tués sur le coup. Quatre autres, qui travaillaient dans le puits, auraient pu se sauver : la porte de communication, en se refermant, avait empêché une diminution instantanée de tension atmosphérique qui eût suffi à elle seule pour tuer ces ouvriers ; mais, dans leur précipitation à remonter, deux d'entre eux tombèrent au fond du puits, où ils se noyèrent, l'eau ayant fait irruption aussitôt après la cessation de la cause qui la contenait, et deux seulement réussirent à s'éloigner, sains et saufs.

On n'a pas toujours à foncer un puits au travers des sables d'alluvion de la Loire, ou dans l'étage supérieur du terrain crétacé, dont les fissures donnent naissance, dans le nord de la France, à des nappes d'eau souterraines d'une abondance exceptionnelle, qu'il faut traverser sur une vingtaine de mètres pour gagner le terrain solide et imperméable. Dans une roche, ordinaire, le creusement se fait parle tirage à la poudre ; les déblais fournis par les coups de mine sont élevés au jour par des moyens dont la perfection est en rapport avec la profondeur du puits. Les eaux fournies par le terrain, et qui pourraient gêner les ouvriers, sont retenues par des moyens appropriés ou conduites dans un réservoir qui est vidé à des intervalles réguliers. Je ne dois pas oublier de mentionner ici l'audacieuse tentative de M. Kind, qui, au moyen d'un engin gigantesque, a foré, comme un trou de sonde ; un puits dont le diamètre avait plus de Il mètres, et qui avait atteint une profondeur de plus de 120 mètres, lorsqu'il a dû être abandonné par suite de l'affluence des eaux.

Le plus souvent verticaux, ronds, carrés, ou, ce qui est beaucoup plus fréquent, rectangulaires, et divisés en compartiments réservés à des usages spéciaux, les puits de mines nécessitent généralement des travaux de soutènement destinés à garantir la solidité des parois. Ces travaux consistent dans le placement d'une série de cadres de bois, espacés en raison de la pression du terrain, derrière lesquels on met des bois de garnissage, reliés par des tirants qui rendent solidaires toutes les parties du système, fortement maintenu à l'orifice du puits, ou par quelques madriers encastrés dans la roche. Quand ces travaux doivent en outre empêcher l'influence des eaux, ils prennent le nom de *cuvelage*. Telle est la destination qu'ils reçoivent surtout dans le bassin du nord, où la présence de terrains très aquifères est une source considérable de dépenses. C'est ainsi qu'un puits atteignant le terrain houiller à 140 mètres de profondeur a coûté plus de 1,700,000 francs, après avoir exigé l'établissement d'une machine d'épuisement de la force de 530 chevaux. Si l'opération du *cuvelage* ne laisse pas de présenter des difficultés excessives, le principe du moins en est simple ; l'idée de maintenir ainsi les eaux est due, dit-on, à Jacques Desandrouin, le glorieux explorateur de notre bassin du nord, ou à quelqu'un de ses compagnons. Dans cette succession de couches supérieures au terrain houiller, toutes ne sont point aquifères ; quelques-unes sont imperméables. Il faut, soit réunir deux de celles-ci par des procédés assez parfaits pour empêcher toute infiltration d'eau, soit établir de même dans l'une la base d'un cuvelage assez haut pour que les eaux ne puissent passer par-dessus ce tube, autour duquel elles se tiennent sans entrer dans le puits.

Les galeries, qui forment avec les puits l'ensemble de l'édifice souterrain d'une mine, sont horizontales ou inclinées, et généralement à sections relativement petites. Là encore, le défaut de solidité du terrain est combattu par un boisage ou un muraillement. Ce dernier mode de soutènement, naturellement plus cher, mais aussi d'une durée indéfinie, est réservé pour les galeries de roulage et d'écoulement qui doivent servir longtemps. Le boisage le plus complet est composé d'une série de cadres plus ou moins espacés, et reliés au besoin par des bois de garnissage. Ce boisage n'est garni d'une pièce inférieure que dans le cas, assez fréquent pour les mines de houille, où le terrain exerce une pression de bas en haut : il est souvent réduit à la pièce supérieure, aux deux pièces verticales,

II. Les mines de houille

et même à une seule de ces dernières, suivant les circonstances. Il s'agit en effet d'une des plus grandes dépenses de l'exploitation, l'air chaud et vicié des mines pourrissant rapidement les bois, et nécessitant un entretien fort coûteux de la charpente souterraine. Le muraillement est parfois commandé par la destination, lorsqu'il s'agit d'une de ces chambres où doivent être placés des foyers, soit pour l'aérage de la mine, soit pour la production de la vapeur d'une machine établie souterrainement.

Il est un ouvrage particulier que je ne dois point passer ici sous silence ; je veux parler du *serrement*, pratiqué dans une galerie qui reçoit en un point une irruption de sources débouchant par un ensemble de fissures. On dirige momentanément les eaux de manière à ne point être gêné, et on pratique, dans un endroit où le terrain est bien compact, une entaille suffisante, qu'on bouche avec un assemblage de pièces de bois rendu étanche, et que je ne puis mieux comparer qu'à un gigantesque tampon disposé de telle sorte que la pression des eaux tende à le serrer.

Les outils proprement dits du mineur sont le pic et la *pointerolle*, que le mineur allemand porte figurés en croix sur sa casquette ; il faut y joindre des coins et des leviers en fer, ainsi que tout l'attirail du tirage des rochers à la poudre ; la dureté du terrain détermine si l'on doit faire usage du pic, de la pointerolle ou de la poudre. Ce dernier procédé, qui a été introduit dans le travail des mines au commencement du XVIIe siècle, est exclusivement employé aujourd'hui pour l'entaillement des roches les plus résistantes, excepté lorsqu'il s'agit de travaux très réguliers où la pointerolle reprend légitimement son ancien empire. Dans les gîtes de houille, le mineur trace avec le pic, soit à la base du massif, parallèlement à la couche, soit en un point quelconque d'un lit argileux, un sillon profond ; il découpe perpendiculairement le massif de chaque côté, puis le détache en enfonçant une série de coins à la partie supérieure de la couche, ou en se servant de la poudre quand il s'agit d'une houille dure.

Les méthodes d'exploitation de la houille varient, on le conçoit, selon la nature et la disposition des gîtes. Sans entrer à ce sujet dans des détails qu'il faudrait multiplier à l'infini, je me bornerai à indiquer le procédé usité pour exploiter une mine de houille placée dans des conditions moyennes à tous égards. On atteint les couches le plus bas possible par un puits, dont la coûteuse installation exige la connaissance la plus approfondie de l'allure de ces couches. Ce puits est ensuite relié aux couches, à divers niveaux, par des galeries menées perpendiculairement à la direction des masses houillères. À partir du point où la couche est rencontrée par le puits ou par ces galeries, on mène d'autres galeries, qui découpent la touche en massifs rectangulaires dont les dimensions horizontales sont en relation avec la solidité du terrain. Dans cette première période, les galeries faites dans le charbon donnent des produits ; on procède, dans une seconde période, à l'enlèvement des massifs houillers, en commençant dans la région la plus éloignée et en revenant toujours vers le puits d'extraction. Dans le bassin du nord, où les couches sont nombreuses et peu puissantes, les remblais fournis par les matières stériles tirées du gîte sont assez abondantes pour soutenir les excavations provenant de l'extraction du combustible, sans cependant en remplir complètement les vides. La pose de ces remblais est un travail différent de celui de l'abatage de la houille, et confié à des ouvriers spéciaux qui viennent, à la fin de la journée, consolider les excavations faites par les ouvriers préposés à la partie principale de l'exploitation. Dans la majorité des cas, les remblais fournis par les matières inertes sont tout à fait insuffisants, et on se borne à les utiliser pour en faire, suivant les circonstances, des piliers situés à égale distance ou des murs continus, qui ne forment qu'un soutènement provisoire ; c'est l'affaissement en masse du terrain supérieur qui est destiné à combler les vides, quand on n'a plus à rentrer dans les chantiers. Toujours d'ailleurs des étais verticaux en bois sont placés au fur et à mesure de l'avancement des travaux et sont sacrifiés en partie, Lorsqu'il s'agit de couches très puissantes, pour lesquelles il n'y aurait pas moyen de construire économiquement des piliers capables de soutenir le terrain, on est obligé d'amener des remblais de la superficie et de les disposer plus ou moins irrégulièrement dans les excavations. Une méthode simple, mais improductive et surtout fort dangereuse, consiste laisser des piliers qu'on abandonne et qui s'écrasent bientôt sous le poids du terrain supérieur. Il en a été ainsi dans plusieurs mines du département de la Loire. Enfin, quand on exploite par un même puits, ou par les mêmes galeries des couches parallèles, on a soin de procéder de haut en bas, afin d'éviter la gêne qu'occasionnerait

II. Les mines de houille

la dislocation du terrain pour l'exploitation ultérieure.

Le transport intérieur de la houille ne se fait qu'exceptionnellement à dos d'homme : il peut s'opérer dans des brouettes, il peut se faire avec des traîneaux armés de patins, que tire un ouvrier ou un cheval ; mais il s'opère le plus souvent au moyen de chariots, dont les roues glissent sur de petite chemins de feu, quelquefois à ornières, le plus souvent à rails saillants très simples. Il est à peine besoin de dire, que le système d'aiguilles et de plaques tournantes usité dans nos grandes voies de communications est réduit, dans les mines, à la plus grande simplicité. La voie est unique, avec quelques tronçons d'évitement. Si par hasard la mine débouche un jour par une galerie, ces rails se prolongent à la superficie jusqu'aux dépôts. En tout cas, la forme des chariots ; est très variable suivant les conditions qu'ils auront à remplir. Tantôt ils sont vidés en bas du puits d'extraction dans des tonnes plus grandes qui sont élevées au jour ; mais ce transvasement a le grave inconvénient de briser la houille dont les gros fragments sont plus estimés que les petits. Tantôt ils sont eux-mêmes attachés seuls ou par groupes, s'ils sont petits, au câble de la machine d'extraction, ou encore, suivant le procédé le plus perfectionné, placés dans des cages à deux ou même à quatre étages, qui sont enlevées par cette machine.

Pour un puits vertical de petite profondeur, l'engin d'extractions est un simple treuil, sur lequel est attaché un câble dont une partie s'enroule et monte une tonne pleine, tandis que l'autre se déroule et descend une tonne vide. Si l'exploitation est développée, cet engin primitif est remplacé par un manège à chevaux, et le plus souvent par une machine à vapeur plus ou moins puissante. Les tonnes à extraction, d'une capacité variable qui atteint parfois 25 hectolitres, ont une forme bombée pour qu'elles ne s'accrochent point aux parois du puits. Les câbles sont en chanvre goudronné, ronds ou plats, ou en fer, et s'enroulent, suivant leur forme, sur un tambour cylindrique ou conique, ou dans une bobine. Si le puits est incliné, l'extraction s'opère à l'aide de chariots à caisses de forme appropriée.

L'exploitation d'une mine comprend, outre les travaux d'extraction, d'autres travaux non moins importants, destinés à combattre les deux grands ennemis du mineur, — l'eau et l'absence d'air.

J'ai déjà eu occasion d'indiquer les moyens qu'on emploie contre certaines inondations souterraines, de montrer, à propos de la loi de 1838, de quelle importance peut être l'assèchement des mines ; il importe d'ajouter quelques mots sur l'épuisement régulier des eaux. Les puits sont le plus souvent terminés par un puisard de quelques mètres, augmenté au besoin par une galerie latérale, où viennent se rendre ces eaux et d'où on les extrait. Lorsqu'elles ne sont pas très abondantes, elles sont tirées au jour, à la fin de la période de travail, par la machine d'extraction avec des tonnes à soupapes. Toutefois l'épuisement s'opère principalement au moyen de pompes étagées, mues par des machines à vapeur, dont l'établissement et l'usage quotidien exigent des sommes considérables : la pompe inférieure élève les eaux du puisard dans une bâche supérieure, où elles sont refoulées par une autre pompe, et ainsi de suite jusqu'à ce qu'elles soient amenées au jour. Telle machine d'épuisement débarrasse ainsi quotidiennement une mine, dans une vingtaine d'heures, de 16,000 hectolitres d'eau pris à une profondeur de 3 ou 400 mètres.

Dans les galeries de mines, l'air est incessamment vicié par une absorption partielle d'oxygène, due à la respiration des hommes, à la combustion des lumières et à la décomposition chimique des substances qui se trouvent dans les excavations souterraines. Cette altération de l'air est encore augmentée par la présence des gaz qui proviennent de la déflagration de la poudre employée pour attaquer la roche, ou des dégagements qui ont ordinairement lieu au travers des fissures du terrain. On a enfin à redouter, spécialement dans les houillères, le gaz hydrogène carboné, auquel les mineurs donnent le nom de *grisou*, et qui, en contact avec l'air atmosphérique, produit un mélange explosif et peut déterminer de graves incendies. L'emploi d'agents chimiques étant insuffisant pour détruire ces gaz nuisibles, il faut de toute nécessité avoir recours à des moyens physiques, par exemple à l'action continuelle de machines soufflantes ou aspirantes, qui, en lançant de l'air pur préalablement comprimé ou en aspirant l'air vicié, finissent toujours par engendrer une active ventilation, bien essentielle pour préserver les mineurs de l'*anémie*, cette terrible affection qui leur est particulière, et ne comporte guère de remède. L'aérage des mines n'est pas toujours ainsi obtenu artificiellement ; il est souvent naturel, le renouvellement de l'air résultant simplement

II. Les mines de houille

de la différence qui existe entre la température, variable avec les saisons, de l'air atmosphérique et la température invariable des parois des excavations souterraines. Cette différence suffit même à déterminer un courant d'air persistant, alors que les deux orifices qui doivent faire communiquer au jour l'ensemble des travaux sont au même niveau, pourvu que quelque circonstance locale, assez fréquente, vienne rompre l'équilibre instable dans lequel se trouve la colonne d'air à mettre en mouvement. Lorsque les orifices sont à des niveaux différents, le sens du courant varie avec les saisons : en hiver, il entre par l'orifice inférieur et sort par le supérieur ; en été, il suit la route inverse.

Dans le cas d'un orifice unique, comme dans une excavation en creusement, cet aérage naturel est rare. En hiver, pour un puits, il s'établit bien, mais il fait défaut en été. Aussi partage-t-on d'ordinaire ce puits par une cloison hermétique en deux compartiments, dont l'un est surmonté d'une cheminée de plusieurs mètres. Quand il s'agit d'une galerie horizontale de quelque hauteur, la différence de niveau des parties supérieure et inférieure peut établir un courant, mais il sera plus sûr de mettre une cloison soit verticale, soit horizontale, avec une cheminée. Il arrive parfois qu'au lieu de cette division de l'excavation, on se contente d'y placer un simple tube rectangulaire en bois, qui va jusqu'au fond et se prolonge verticalement au dehors de quelques mètres.

Lorsqu'une exploitation est en communication avec l'atmosphère par deux orifices au moins, et que la ventilation spontanée est insuffisante, l'aérage peut être activé, si l'on surmonte le plus élevé des orifices d'une haute cheminée en maçonnerie. Dès que l'exploitation a un certain développement, il faut avoir recours à un foyer placé au bas du puits de sortie de l'air [12] ou à des machines aspirantes ou soufflantes. On conçoit que la masse d'air pur introduite, par un moyen quelconque, dans l'ensemble compliqué d'excavations dont se compose une mine, doit être aménagée de telle sorte que le renouvellement ait lieu dans tous les endroits où sont les ouvriers. Cette masse d'air, variable avec l'état de l'atmosphère souterraine, est une espèce de réservoir auquel on puise pour attribuer à chaque région la quantité dont elle a besoin, en la dirigeant convenablement au moyen de portes, dont les unes, se fermant hermétiquement, sont destinées à isoler les parties où le courant ne doit pas passer, et dont les autres, ne fermant qu'incomplètement et percées même d'ouvertures en rapport avec les exigences des travaux, règlent l'affluence de l'air. C'est par un système ainsi combiné de portes que l'on parvient à introduire de l'air pur jusqu'au front des chantiers d'exploitation, sans qu'il arrive avec une vitesse capable de gêner les ouvriers.

L'emploi des foyers d'aérage, très répandu dans les houillères, simple et peu dispendieux, permettant d'ailleurs, quand la température n'est pas trop élevée, l'usage des puits de sortie de l'air pour l'extraction, peut même s'étendre aux mines à grisou. Seulement il est alors absolument indispensable de placer le foyer dans une chambre spéciale. Ce foyer doit être alimenté avec de l'air qui n'ait pas circulé dans les travaux, et la petite galerie qui relie cette chambre avec le puits de sortie de l'air doit être assez longue pour que jamais une étincelle ne puisse atteindre le mélange explosif qui est soutiré par le courant ascendant. Autrefois le procédé employé pour se débarrasser du grisou était élémentaire, mais fort dangereux, et finalement insuffisant au point de vue de l'aérage. Chaque matin, un ouvrier, la figure bien enveloppée, allait y mettre le feu ; maintenant on se borne à le délayer dans de l'air pur en suffisante quantité, et à remplacer, dans les mines où ce gaz existe, les chandelles ou les lampes à feu nu, qui constituent le moyen d'éclairage ordinaire, par la lampe de sûreté, qui a immortalisé le nom du chimiste anglais. Davy.

Ici encore je rencontre un écrivain qui a voulu dramatiser un épisode de l'histoire de l'industrie houillère ; mais je suis obligé de le combattre, car il a émis une hypothèse erronée au sujet du principe sur lequel est fondée la lampe bienfaisante. Dans une pièce représentée, il y a peu d'années, sous le titre de *la Lampe de Davy*[13], on suppose que la fiancée du grand chimiste, ayant, malgré ses recommandations, ouvert un récipient plein d'un mélange explosible à côté d'une lampe allumée, jette instinctivement, en le voyant reparaître, son écharpe sur ce récipient et empêche ainsi l'explosion imminente. Frappé de ce fait, mais préoccupé du peu de consistance du frêle tissu, Davy applique machinalement son front sur le treillage métallique qui garnit la croisée, et, à l'impression de froid qu'il ressent, conçoit l'idée d'utiliser ce treillage métallique. C'est sans doute une idée heureuse que de célébrer et de

II. Les mines de houille

vulgariser sous la forme dramatique une des inventions les plus remarquables de l'industrie minérale ; mais je crois devoir placer à côté de la fiction la réalité. Le principe de la lampe de Davy réside dans la propriété que possède une gaze métallique, — à mailles suffisamment étroites (120 à 140 ouvertures par centimètre carré), — d'intercepter la flamme produite par la combustion d'un mélange d'hydrogène carboné et d'air atmosphérique. En conséquence, la mèche d'une lampe ordinaire est placée au milieu d'un cylindre de gaze métallique, dans l'intérieur de laquelle pourra impunément prendre feu l'air impur que ce cylindre contient sans enflammer l'atmosphère, ambiante. La seule précaution, indiquée par Davy lui-même, consiste à éviter une agitation trop forte de la lampe, parce qu'elle peut faire passer la flamme au travers de la gaze. Là est le danger de cette belle invention ; il ne faut donc pas, malgré la ventilation parfaite dont ont besoin les houillères à grisou, que la vitesse du courant dépasse une certaine limite. L'inconvénient de la lampe de Davy est une insuffisance de lumière dont se plaignent vivement les mineurs, et c'est à obtenir un meilleur éclairage que tendent toutes les modifications proposées par ceux qui veulent perfectionner cet appareil. On en a augmenté un peu le diamètre, ce qui ne peut se faire que dans des limites assez restreintes ; on a substitué en partie au cylindre métallique un cylindre de cristal, et on a obtenu des lampes qui éclairent trois ou quatre fois plus que celle de Davy. Bien qu'elles ne soient pas non plus exemptes d'inconvénients, elles tendent à se propager, notamment en Belgique.

Après l'indication des moyens d'habitation de l'édifice souterrain, de l'aérage avant tout indispensable, des travaux, de l'épuisement des eaux, de la circulation intérieure, il convient de parler de l'introduction des ouvriers dans le cas le plus ordinaire, celui où l'édifice n'est en communication avec le jour que par des puits. Dès que ces puits ont une certaine profondeur, la question de la descente, et surtout de la remonte des mineurs, acquiert une importance, tout à la fois hygiénique et économique, qui mérite un examen particulier. On a commencé à s'en préoccuper, il y a environ vingt-cinq ans, dans la contrée minérale par excellence, dans le Hartz, où quelques mines atteignent jusqu'à 700 mètres de profondeur.

Le plus ordinairement les ouvriers circulent dans le puits au moyen d'échelles verticales ou inclinées : le puits est partagé en sections de plusieurs mètres de hauteur, séparées entre elles par des planchers, et munies d'échelles à montants en bois ou en fer. Si l'échelle, régnant alors le long du puits, est verticale, la projection du centre de gravité du mineur qui s'y trouve tombant en dehors des points d'appui qu'il prend avec ses pieds, il est obligé de développer avec ses bras un effort considérable. Suivant quelques médecins, les fonctions respiratoires seraient en outre gênées au point de provoquer une déchirure des poumons ; la fatigue peut, en tout cas, avoir pour conséquences immédiates des chutes qui, bien qu'elles ne puissent avoir lieu que sur les planchers de séparation, sont fréquemment mortelles. Les sujets jeunes et robustes peuvent seuls faire un usage continu des échelles ; encore perdent-ils ainsi inutilement une fraction notable de leurs forces et de leur temps, et ils arrivent fatalement d'ailleurs à un dépérissement prématuré. Au point de vue économique, la question n'est pas moins grave. La dépense par ouvrier, et par jour est estimée à 0 fr. 25 cent., en supposant un puits de profondeur moyenne exclusivement destiné à la descente et à l'ascension des ouvriers, et en tenant compte du capital de l'échelle et du temps perdu pour le travail.

Quant aux échelles inclinées, elles offrent à peu près les mêmes inconvénients. M. Lambert, ingénieur des mines belge, a calculé la valeur de l'angle qu'une échelle doit faire avec l'horizon pour être à la fois sûre et commode. Il a trouvé que cet angle devait être de 70 degrés : alors le centre de gravité du mineur se projette précisément au milieu de ses pieds. Si cet angle était dépassé, la position du corps serait évidemment moins avantageuse ; le danger n'existerait plus sans doute comme dans l'hypothèse contraire, mais une autre cause de fatigue serait introduite, l'homme n'étant point constitué pour marcher à quatre pattes ou à peu près.

L'usage des échelles est à coup sûr l'une des causes de l'asthme, auquel est si sujette la population souterraine ; mais les avis sont partagés sur l'importance qu'il faut attribuer à cette cause. Une commission médicale du Hainaut belge estimait même en 1840 que la circulation précipitée apportait seule dans les fonctions respiratoires un léger trouble, qui n'était en outre que momentané, et que la dépense d'efforts musculaires dans la remonte ne devait point être prise en considération, comme précédant immédiatement le repos qui termine la journée. Quoi qu'il en soit de cet optimisme, que je suis peu disposé à partager, l'emploi des échelles inclinées est infiniment préférable à celui des tonnes d'extraction pour la circulation des mineurs dans les puits. Par ce dernier système, particulièrement usité dans les houillères de la Loire, la question de commodité est certainement résolue aussi bien qu'on peut le désirer ; mais il n'en est plus de même de la question de sûreté. De nombreux accidents, le plus souvent mortels, sont déterminés par l'usage des tonnes. Les câbles se rompent, les machines se brisent ou se dérangent, des corps tombent dans les puits, les deux tonnes de sens contraire se heurtent au croisement dans les puits qui ne sont pas divisés en compartiments ; les tonnes peuvent être enlevées au-dessus des poulies sur lesquelles passent les câbles, ou être descendues dans le puisard qui se trouve au bas du puits. Si même ces diverses causes d'accidents pouvaient disparaître, l'usage des tonnes soulèverait encore une objection grave, car un tel mode d'ascension devient insuffisant en cas d'explosion du grisou ou d'irruption d'eau, en raison du nombre limité d'ouvriers qui peuvent être enlevés à la fois. En outre, pendant que la tonne est dans le puits, le mineur est soumis à l'impression d'un air froid et humide contre lequel il n'est pas défendu, comme sur les échelles, par l'exercice du corps. Finalement, bien que la dépense ne soit peut-être plus représentée ici que par une somme de 0 fr. 10 cent, par jour et par ouvrier pour la fraction afférente des frais d'achat et d'entretien de la machine d'extraction, etc., ce système est interdit dans plusieurs pays. En France, le règlement de 1813 est muet sur ce point ; mais l'interdiction a été spontanément faite par la compagnie d'Anzin, qui donne un supplément quotidien de salaire de 1 franc 25 centimes à chaque ouvrier travaillant à une profondeur supérieure à 400 mètres. En Belgique, la proscription est toujours venue échouer contre les préjugés économiques des exploitants et les habitudes routinières des ouvriers. M. Lambert, qui s'est tout particulièrement occupé de cette question intéressante, a proposé, il y a une dizaine d'années, Une échelle hélicoïdale en fer faisant précisément, au point où l'ouvrier pose le pied, un angle de 70 degrés avec l'horizon. L'expérimentation de cette échelle, à laquelle il ne manque qu'une rampe pour la transformer en escalier, a donné les résultats qu'avait annoncés la théorie, et n'a point produit les effets de vertige qui pouvaient être à craindre ; mais cet ingénieux système n'a point été adopté par l'industrie, par suite de la nécessité qu'il entraîne du creusement d'un puits spécial. Cette objection est également faite à une invention encore plus complète et plus satisfaisante dont on a pu voir un modèle à l'exposition universelle ; je veux parler de la *warocquère*.

Le principe élémentaire des *fahrkunst* [14] peut être facilement saisi. Qu'on imagine de grandes tiges, disposées à une petite distance les unes des autres, animées d'un mouvement alternatif et inverse, tel que l'une monte pendant que l'autre descend et que deux oscillations consécutives de l'ensemble sont séparées par un temps d'arrêt. Chacune de ces tiges porte une série de plates-formes sur lesquelles un homme peut se tenir, et qui sont espacées du double de l'amplitude d'une oscillation. Il est évident que, si cet homme profite de chaque temps d'arrêt pour passer de la plateforme où il est placé sur la plate-forte correspondante de l'autre tige, il montera ou descendra, suivant son point de départ. Inventée en 1833 par un officier des mines du Hartz, la *fahrkunst* n'affectait pas d'abord la forme perfectionnée que je viens de supposer, et qui est à peu près celle de la *warocquère*. Au lieu de plates-formes, les tiges ne portaient que de simples marchepieds, sur lesquels se plaçaient les ouvriers en s'aidant de poignées en fer qu'ils saisissaient avec les mains. Pour se servir de l'appareil ainsi conçu, il fallait évidemment une vigueur, une agilité qu'on ne trouve que dans la jeunesse. Ce système a heureusement été perfectionné par M. Warocqué, propriétaire d'un charbonnage belge. Ce bienfaisant et habile industriel s'était proposé d'obtenir un mode de circulation rapide et commode pour ses ouvriers dans un puits profond de 530 mètres. Il a trouvé, il y a plus de dix ans, une solution très complète du problème. Les paliers sont entourés d'une balustrade, divisés en deux sections, dont l'une est affectée à la série des ouvriers ascendants et l'autre à celle des ouvriers descendants, recouverts d'une tôle hérissée d'aspérités pour que le pied ne puisse glisser. Les tiges sont munies de poignées que l'ouvrier peut saisir au besoin dans l'obscurité. Cet appareil est mû par une machine à vapeur, et, ce qui constitue une modification capitale, le mouvement alternatif, imprimé directement à l'une des tiges, est transmis à l'autre par un balancier hydraulique, qui est en outre destiné à obvier à un dérangement de la machine, auquel cas les ouvriers trouvent dans le même puits une série d'échelles à leur portée. J'ai dit l'objection financière que soulève cet ingénieux mécanisme ; elle semble avoir été levée par un ingénieur de la compagnie d'Anzin, M. Méhu, qui avait récemment installé une machine servant à la fois à l'extraction du charbon, à la circulation des ouvriers et même à l'épuisement des eaux ; mais cet ingénieur est mort avant d'avoir pu compléter l'exécution de son idée, qui a été appliquée du reste à un puits incliné d'une houillère de la Haute-Saône.

Les *Annales des Travaux publics* de Belgique contiennent sur la *warocquère* un intéressant rapport où se trouve un calcul qui résume le côté saillant de la question du transport des mineurs dans un puits. On suppose un centre d'exploitation desservi par un puits de 504 mètres et occupant simultanément 133 ouvriers : la remonte et la descente de ce personnel par les tonnes n'exigeraient pas moins de huit heures, soit le tiers de la journée complète ; avec une *warocquère*, dans les conditions les plus timidement réduites de vitesse de la machine et du nombre d'ouvriers qui lui seraient confiés ensemble, la seconde de ces opérations se ferait en cinq quarts d'heure ; la première ne demanderait qu'une demi-heure, et en cas de sinistre, où le temps est si précieux, qu'un quart d'heure.

Il ne me reste plus, pour compléter cette étude, qu'à rappeler le rôle tout particulier que l'exploitation des mines de houille a joué dans l'histoire de l'industrie humaine, et je ne parle pas ici du concours indispensable qu'est venu apporter à la machine à vapeur le combustible minéral. L'exploitation des houillères a déterminé la création de la machine à vapeur elle-même : c'est pour épuiser les eaux d'une mine de houille anglaise qu'a été conçu, à la fin du XVIIe siècle, le premier moteur à feu. C'est aussi à l'industrie houillère qu'est due l'introduction de la première machine à vapeur en France, importée en 1734 par la compagnie Desandrouin pour faciliter des recherches dans le terrain houiller du nord. L'exploitation des houillères anglaises a également engendré les chemins de fer, en nécessitant la construction de ces petits chemins à ornières destinés à faciliter le transport des produits de l'extraction. Elle a enfin provoqué la création de la machine locomotive, appliquée uniquement d'abord aux wagons chargés de charbon. En France et en Belgique comme en Angleterre, les premiers chemins de fer ont été faits pour desservir des mines de houille. C'est donc l'industrie houillère qui a été la source de tous les grands progrès de cette précieuse force motrice dont nous jouissons maintenant sous tant de formes.

NOTES

1. Voyez la livraison du 1er octobre

2. M. Élite de Beaumont a ruiné ces deux systèmes en les soumettant à d'ingénieux : calculs. « Une futaie de la plus belle venue possible, écrivait notamment cet illustre géologue en 1842, qui couvrirait la France entière, serait loin de contenir autant de carbone qu'une couche, de houille, de 2 mètres d'épaisseur étendue dans les seuls bassins houillers connus.

3. De la Houille, traité théorique et pratique des combustibles minéraux (houille, lignite, anthracite, etc.), 1 vol. in-8° 1851.

4. Du Principe d'association appliqué à l'industrie houillère par M. Jules Petitjean, conseiller référendaire à la cour des comptes. – Voyez la Revue des Deux Mondes du 1er juin 1846.

5. On arrache également ainsi un de ces tubes en tôle destinés à prévenir les éboulements, s'ils viennent à céder sous la pression du terrain ou à être déchirés par les outils. C'est précisément à un accident de cette nature qu'est dû le fâcheux temps d'arrêt que subit tout à fait au dernier moment le forage du puits artésien du bois de Boulogne.

6. Quelques chiffres peuvent donner une idée du rôle que joue ce bassin dans la production houillère de la France : il a donné, en 1814, 2,541,878 quintaux métriques, — en 1820 4,448,410 q. m., — en 1830 7,449.161 q. m., — en 1840 11,048,592 q. m., — en 1850, 15,581,247 q. m., — et en 1852, 16,391,834 q. m., soit près du tiers de la production française.

7. Études géologiques sur le bassin houiller de la Sarre, par M. Jacquot.

8. Dix millions de quintaux métriques, soit la plus grande

II. Les mines de houille

partie de la production du bassin prussien, — dont le décuplement s'était opéré de 1815 à 1850, et qui a plus que triplé depuis cette époque, — sont absorbés annuellement par la Lorraine et l'Alsace, et aussi par la compagnie des chemins de fer de l'Est. Pour donner une idée de l'importance du tributaire que je mets ainsi sur le même pied que deux provinces, j'ajouterai qu'il absorbe à lui seul par jour, pour le chauffage des 250 locomotives qui sont en feu pour le service quotidien, 1,700 quintaux métriques de houille et 1,800 quintaux métriques de coke.

9. Histoire de la Recherche, de la Recouverte et de l'Exploitation de la Houille dans le Hainaut français, dans la Flandre française et dans l'Artois (1716-1791), 3 vol. in-8°.

10. La progression de l'extraction houillère de notre second bassin se déduit des chiffres suivants : en 1810 2,318,382 quintaux métriques, — en 1820 3,230,125 q. m., — en 1830 4,944,776 q. m., — en 1840 7,762,968 q. m. — en 1850, 10,016,774 q. m., — et en 1852 10,728,458 q. m., soit près du cinquième de la production française. Depuis cette époque, la production du bassin du nord a doublé.

11. Le feu se propage avec une telle vitesse, qu'un ouvrier qui avait laissé enflammer ses vêtements périt victime de son imprudence, sans qu'il fût possible de lui porter secours.

12. Cette idée de l'emploi du feu pour appeler un courant d'air, qui, dit-on, était regardée comme neuve en Angleterre au commencement de notre siècle, avait été appliquée dans le département du Nord par Desandrouin, lorsqu'osant s'écarter à 800 mètres du puits, le hardi explorateur avait été obligé de se préoccuper de la ventilation de ses travaux souterrains.

13. Cette comédie en un acte et en vers, de M. Ostrowski, a été représentée en 1854 au second Théâtre-Français. — J'ajouterai à ce propos que, si l'industrie houillère a ses poètes, elle a aussi son peintre. On a pu remarquer à l'exposition dernière de grandes études à l'aquarelle des mines de Saône-et-Loire, faites par M. Bonhomme, qui, à l'exposition universelle, avait représenté des intérieurs de forges de la Meuse et du Berri. En Angleterre, les grands industriels se plaisent à faire ainsi exécuter le panorama de leurs magnifiques établissements.

14. C'est ainsi que se nomment en Allemagne, où ils ont été primitivement inventés, les appareils destinés à monter et à descendre les ouvriers dans les mines.

III. L'industrie des combustibles minéraux

La houille, qui a été le sujet d'une étude précédente, n'est pas, on le sait, la seule source de carbone que la croûte du globe procure à l'industrie humaine pour développer de la chaleur ; elle est seulement la plus abondante de ces sources et le plus parfait des combustibles fossiles. L'anthracite, le lignite et la tourbe doivent aussi appeler notre attention. Pour les deux premières substances, les notions géologiques et techniques déjà exposées à propos de la houille nous seront d'une grande utilité. Quant à la troisième, qui se forme en quelque sorte sous nos yeux, elle nous donnera une idée du phénomène général qui a pu successivement présider à l'origine des combustibles minéraux. La tourbe nous montrera de plus un mode de propriété souterraine tout à fait différent de celui des mines, et qui ne pourra en conséquence être étudié que plus tard.

I. — DES COMBUSTIBLES MINÉRAUX AUTRES QUE LA HOUILLE.

La houille n'est ni le plus moderne ni le plus ancien des dépôts carbonifères qui sont venus successivement enrichir les groupes d'assises régulières dont est constituée la majeure partie de l'écorce de notre globe. Si nous avions soumis ces dépôts à une classification purement géologique, nous aurions dû prendre pour point de départ, soit la tourbe sous le rapport de la formation des matières carbonifères, soit l'anthracite sous le rapport de la superposition des terrains sédimentaires. La houille et le lignite sont les deux termes moyens d'une série où l'anthracite se trouve placé tout à fait à la partie inférieure. La formation houillère peut être considérée comme séparée de la formation d'anthracite par ce calcaire carbonifère qui est, on l'a vu, la roche caractéristique des bassins houillers d'origine pélagienne. Il y a là une ligne de démarcation géologique fort nette qui permet de dire, pour un gisement déterminé de combustible à la limite des terrains primaires et secondaires, s'il s'agit d'anthracite ou de houille. Il suffit en effet de constater l'antériorité ou la postériorité du dépôt carbonifère relativement au dépôt calcaire qui accompagne presque toujours la première de ces deux substances. Cette distinction scientifique n'est pas d'accord cependant avec la distinction industrielle, qui repose sur d'autres bases. On a remarqué que généralement les couches d'un bassin houiller sont d'autant plus bitumineuses qu'elles sont plus élevées, comme si l'influence de la chaleur centrale du globe terrestre avait été en diminuant à mesure que la couche qui la subissait était plus éloignée du foyer. Le même phénomène paraîtrait aussi se produire dans le passage de l'anthracite à la houille. En fait néanmoins, des couches supérieures d'anthracite ont souvent le caractère découches de houille, et des couches inférieures de houille sont aussi *maigres* que des couches d'anthracite, de telle sorte que la question d'âge du combustible n'a plus, dans certaines localités, aucun intérêt pour l'emploi industriel.

Le terrain anthracifère a du reste une composition analogue à celle du terrain houiller, et l'origine des deux combustibles semble identique. Sans revenir à ce propos sur les systèmes relatifs à la formation de la houille, ou sur la nature des roches stériles du terrain carbonifère, il vaut mieux arriver tout de suite à la distribution des couches d'anthracite en France. L'anthracite se trouve dans le Forez, dans l'Anjou, dans le Maine surtout, où la présence simultanée du doyen des combustibles minéraux et du calcaire auquel il est subordonné, jointe à la nature du sol, a littéralement changé la face du pays en développant la fabrication de la chaux, pour laquelle l'anthracite est particulièrement propre. Si le bassin anthracifère du Maine ne nous présente pas les incidents et les épisodes que nous avons rencontrés dans nos bassins houillers du nord et de l'est, il appelle notre attention à un autre titre. L'industrie minérale et l'industrie agricole, qui n'ont généralement aucune relation, et dont les intérêts sont même souvent opposés, s'y montrent assez intimement unies pour que les progrès de l'une puissent donner, avec une rigueur presque mathématique, la mesure des progrès de l'autre. En effet, l'anthracite produit par les mines de la Sarthe et de la Mayenne est à peu près exclusivement absorbé par les chaufourniers, et les neuf dixièmes au moins de la chaux fabriquée sont employés à l'amendement des terres. Si l'on consulte la série des chiffres annuels de l'extraction particulière à chacun de ces départements, on en verra l'allure, rapidement progressive pour

III. L'industrie des combustibles minéraux

tous deux, bien plus nettement accusée dans le second que dans le premier : c'est que la plus grande partie du sol de la Mayenne appartient aux terrains anciens, tandis que ceux-ci ne forment dans la Sarthe qu'une bande étroite, longeant des terrains plus modernes et principalement sablonneux. Dans le premier cas, le chaulage est impérieusement réclamé ; dans le second, la marne est le véritable agent de fertilisation.

Il y a cinquante ans, la Mayenne ne suffisait pas à produire les 1,200,000 hectolitres de grains qui représentaient sa consommation annuelle ; il y a vingt ans, l'exportation en froment atteignait précisément ce chiffre, qui représenterait en outre l'excès de la production de cette fertile région sur la production considérée trente ans auparavant. Suivant une publication récente du comité des houillères françaises [1], chacun des 200,000 hectares — dont l'amendement exige annuellement 2,800,000 hectolitres de chaux, correspondant à 800,000 hectolitres d'anthracite, — rapporte environ 30 francs de plus qu'il y a trente ans, d'où une augmentation de 6,000,000 de francs pour le revenu net de la propriété foncière et de 200,000,000 de francs pour la valeur du capital.

Les couches d'anthracite du Maine sont fort irrégulières. Ordinairement assez inclinées et parfois très sinueuses, elles ont une épaisseur singulièrement variable, qui atteint rarement à 1 mètre, sauf dans deux concessions, où le combustible se trouve en amas considérables et anormaux ; elles offrent d'ailleurs au plus haut degré cette série de renflements et d'amincissements qui donnent souvent aux couches du terrain houiller l'apparence d'un chapelet. Ainsi que la houille, l'anthracite adhère peu à la roche sur laquelle il repose, et dont il est séparé par une surface si polie, que, pour peu que celle-ci soit assez inclinée, on a beaucoup de peine à s'y tenir debout. Les mines d'anthracite du Maine sont d'ailleurs de fort grandes exploitations [2], que le peu d'épaisseur et l'irrégularité des gîtes rendent très coûteuses : l'extraction du combustible y est nécessairement d'autant plus chère que les travaux deviennent plus promptement étendus et profonds tout à la fois, et que les frais qu'ils entraînent par cela même se répartissent sur une moindre quantité de puits. Ces couches sont situées d'ailleurs au-dessous d'un grès sablonneux, qui nécessite un boisage dispendieux des galeries, et qui, par une grande perméabilité, donne souvent une fâcheuse abondance d'eaux, à laquelle il faut opposer d'énergiques moyens d'épuisement. Les schistes du terrain anthracifère sont parfois tellement pyriteux, qu'ils peuvent prendre feu spontanément sous l'influence de l'air, et les eaux qui les ont lessivés, devenues excessivement acides, acquièrent une force corrosive dont on a de nombreux exemples. À la suite de la rupture d'un organe essentiel d'une forte machine à vapeur fonctionnant sur une mine située aux environs de Sablé, on avait dû, pendant une semaine, suspendre les travaux pour l'épuisement des eaux. Quand la machine eut été réparée, elle ne put fonctionner, un clapet de piston ayant été complètement mis hors de service par l'action corrosive des eaux, qui, en remontant dans l'intérieur durant le chômage involontaire, avaient baigné les schistes ; en quelques heures, les pistons en fonte étaient attaqués au point de se laisser entamer au couteau, et les boulons étaient réduits de moitié. L'habile directeur de la concession ne put se tirer de ce mauvais pas qu'en neutralisant l'acidité des eaux par une addition convenable de chaux. Cette saturation incomplète permit du moins d'attendre l'arrivée de pistons en bronze, qui seuls purent élever au jour les 15,000 mètres cubes d'eau qui avaient envahi la mine. Dans une exploitation voisine, située sur les bords de la Sarthe, un tube en tôle, d'une quarantaine de mètres, qui retenait les eaux sur le pourtour d'un puits, s'est inopinément rompu sous cette action corrosive, s'exerçant sur un métal dont l'épaisseur était insuffisante, et s'est aplati sur une dizaine de mètres. — On n'a constaté qu'exceptionnellement la présence du redoutable *grisou* dans les mines d'anthracite du Maine ; bien que peu abondant et ne donnant ordinairement lieu qu'à de petites inflammations sans danger, ce gaz a cependant provoqué parfois de véritables explosions suivies de la mort d'ouvriers.

La découverte de l'anthracite du Maine est uniquement due au hasard. À la fin de 1813, un négociant de Nantes, qui connaissait les mines de la Loire-Inférieure, ayant fait creuser un puits domestique dans une ferme dont il était propriétaire dans la Sarthe, y remarqua des traces d'une substance noirâtre qu'il prit pour de la houille, et en envoya un échantillon à la Société des Arts du Mans. L'inventeur se livra à quelques recherches, mais avec des ouvriers si inexpérimentés, qu'ils dépassèrent la couche d'anthracite sans s'en apercevoir. En 1816 seulement, lorsque des tracés de routes,

III. L'industrie des combustibles minéraux

des creusements de fossés eurent fortuitement fait reconnaître les affleurements de quelques gîtes, l'attention des propriétaires du sol fut éveillée, et ils commencèrent de petites exploitations, allant aussi profondément qu'ils le pouvaient, poussant de courtes galeries jusqu'à ce qu'ils fussent chassés par les eaux, puis se reportant ailleurs. Quelques-uns, se réunissant, demandèrent dès cette époque des concessions au gouvernement ; mais on ne les institua qu'en 1822, date réelle de l'origine des exploitations régulières. Les premiers concessionnaires eurent du reste à lutter contre les extracteurs illicites, qui, n'ayant pas des idées bien nettes sur le droit de propriété souterraine, et voyant dans le tracé du périmètre concédé une garantie de succès, venaient s'y installer et préparer ainsi de fâcheuses entraves aux exploitations régulières. Les transactions mêmes qui intervinrent entre les concessionnaires et les extracteurs, trop facilement tolérés, perpétuèrent ce fâcheux état de choses, qui du moins développa activement l'industrie minérale du pays. L'heureuse influence de cette conquête se manifesta immédiatement par une baisse de moitié dans le prix de la chaux et par le brillant essor de l'agriculture locale.

L'histoire du bassin anthracifère du Maine présente à peu près les mêmes phases que celle du bassin houiller de la Loire, et il y a là quelques faits d'économie locale et industrielle qui, bien que relatifs à une fraction minime de notre propriété souterraine, ne sont cependant pas dénués de tout intérêt. Le développement de l'industrie minérale ne s'est fait dans la Sarthe et la Mayenne qu'au prix de grands sacrifices, notamment par la construction de chemins nombreux, sans lesquels elle ne pouvait même prendre naissance. Maintenant encore les concessionnaires subissent, pour les charbons qu'ils livrent aux chaufourniers, un mode de paiement qui les condamne à un crédit à long terme vraiment exorbitant, résultat presque obligatoire de la concurrence acharnée que ces chaufourniers se font entre eux. Afin d'attirer le consommateur de chaux, ils lui donnent des délais de plusieurs années pour le paiement des livraisons ; et les propriétaires de mines ont naturellement été conduits à entrer dans la même voie que leur clientèle. Telle est la force des habitudes industrielles et commerciales d'un pays, alors même qu'elles sont radicalement vicieuses, qu'une tentative de modification a complètement échoué, bien qu'elle eût été faite par des concessionnaires à la fois riches et puissants. En vain, pour obtenir que la vente de la chaux se fît au comptant, ont-ils représenté aux chaufourniers que ceux qui l'achètent sont des fermiers habitués à opérer de cette manière, et qui, dans une région où le système progressif de la *culture à moitié* est en vigueur sur une grande échelle, partagent avec les propriétaires les dépenses d'engrais : ces représentations, appuyées par un manifeste habile et ferme, lancé au moment de la crise financière qui a suivi la révolution de 1848, produisirent un effet médiocre et vinrent échouer devant la résistance inerte des chaufourniers. Les audacieux novateurs se virent bientôt contraints de remettre en vigueur le système classique, sous peine de voir leur clientèle se porter vers les mines des autres concessionnaires, qui, ne changeant rien à la routine locale, auraient ainsi bénéficié du mécontentement provoqué par la tentative inopportune de leurs rivaux. Dans un défaut d'entente et surtout d'inopportunité est évidemment la cause de l'insuccès d'une tentative qui n'a du reste plus été reproduite. Donc vers le 1er novembre de chaque année, époque du commencement de la campagne, les chaufourniers remettent aux concessionnaires un état de leurs besoins présumés d'anthracite, et souscrivent des billets à ordre en quatre échéances, trimestriellement échelonnées au bout de onze mois révolus, et parfois prorogées bénévolement de trois autres mois par les concessionnaires, qui supportent ainsi la perte de plus d'une année d'intérêt.

Comme pendant de cette lutte terminée à l'avantage des chaufourniers du Maine, je dois mentionner la guerre que se sont longtemps faite les producteurs d'anthracite, guerre dont les effets ne tardèrent pas à devenir assez désastreux pour compromettre l'existence de quelques mines du bassin. Chacun des concessionnaires cherchait à étendre le rayon naturel de ses débouchés au détriment du voisin ; d'autres, se faisant en même temps chaufourniers et mineurs, entraient à ce double titre dans le conflit industriel dont la Sarthe et la Mayenne étaient le théâtre, et s'y épuisaient doublement. Cet antagonisme tient aux conditions naturelles des deux départements, dont le premier ne présente que dans la partie occidentale le sol argilo-siliceux qui réclame l'amendement calcaire, et produit plus d'anthracite qu'il

III. L'industrie des combustibles minéraux

n'en consomme, tandis que le second, dont ce sol particulier recouvre presque entièrement la superficie, joue un rôle inverse. De cet état de choses invariable et de la situation topographique des mines d'anthracite est résultée la formation de deux groupes rivaux de mines dont Sablé et Laval sont les centres, et l'infériorité du groupe de Sablé, sous le rapport du placement des charbons, a excité les concessionnaires de cette région à poursuivre un accroissement de débouchés par tous les moyens, même par une réduction excessive du prix de vente. Comme cela arrive souvent, chaque concessionnaire comprenait parfaitement les inconvénients immédiats de cette concurrence effrénée ; mais aussi il attendait l'époque où son voisin ne viendrait plus, par des bonifications exagérées, qui étaient presque insignifiantes pour les consommateurs, lui enlever l'approvisionnement des fours à chaux situés dans le rayon naturel de ses débouchés. De 1845 à 1848, la lutte ne subsista plus qu'entre les mines du groupe de Laval et celles du groupe de Sablé, ces dernières ayant été réunies par un traité consenti pour trois ans, au bout desquels d'ailleurs cette association momentanée fut dissoute. Vers le milieu de 1848, une tentative de réunion de toutes les mines du Maine eut lieu à Laval ; mais la production annuelle, à laquelle chacune devait concourir dans une proportion convenue, excédant de 5,000 hectolitres à peine la consommation présumée des deux départements, les membres du petit congrès industriel ne purent s'entendre sur la répartition de cette diminution. Derrière cet entêtement puéril se cachait, on le devine, le désir de plusieurs concessionnaires de conserver la liberté de produire autant que bon leur semblerait. Les rivalités industrielles poussées à ce degré manquent rarement d'amener une fusion des intérêts en présence : c'est ce qui se produisit à la fin de 1850 par la formation de la compagnie générale des mines de Sarthe et Mayenne, qui réunit six des huit compagnies et quatorze des dix-sept concessions du bassin anthracifère du Maine. On voit qu'elle venait, comme la société des mines de la Loire, réparer les conséquences fâcheuses pour tous d'un état de choses réellement anarchique, sauver en quelque sorte d'une ruine prochaine la propriété souterraine d'un département, qui se trouvait aménagée, par suite d'une concurrence excessive, contrairement aux principes conservateurs dont cette propriété exige impérieusement le respect. Cependant, comme la compagnie des mines de la Loire, celle des mines du Maine a encouru le reproche de se préoccuper beaucoup plus du prix de revient que du prix de vente dans la direction donnée à l'ensemble de ses exploitations, d'en laisser un trop grand nombre en réserve (8 sur 14), pour concentrer sa production sur les plus importantes. Comme dans la Loire le mot de *monopole* a été prononcé, et l'opinion publique a été, il y a quelque temps, très émue au sujet des dangers que la grande compagnie faisait courir à l'industrie locale, — dangers un peu imaginaires toutefois, par suite de la concurrence que viennent faire les charbons anglais et ceux du nord de la France à l'anthracite du Maine. Il n'y a peut-être au fond, en ce moment, qu'à reprocher à cette compagnie de n'avoir point poussé avec assez d'activité les travaux d'aménagement, de telle sorte que sa production a décru à la suite d'une complication dans ces irrégularités de gisement dont je parlais tout à l'heure : les grains du chapelet anthraciteux sont devenus rares sur certains points, et l'intervalle qui les sépare a augmenté de manière à faire craindre la disparition totale du gîte. Les réclamations les plus vives auxquelles la compagnie ait été en butte ont du reste été provoquées par une augmentation du prix de la chaux, qui coïncidait précisément avec un abaissement du prix de l'anthracite, et qui en tout cas était l'œuvre des chaufourniers.

Dans le bassin de l'Anjou, bien qu'il offre un exemple de la présence dans les terrains de transition d'un combustible qui participe à la fois de la houille et de l'anthracite, les charbons servent aussi à peu près exclusivement à la fabrication de la chaux, dont la majeure partie est encore employée dans l'agriculture. C'est au point où ce bassin coupe la vallée de la Basse-Loire qu'a été appliquée par M. Triger la méthode ingénieuse et hardie du creusement des puits au moyen de l'air comprimé. Aux mines de l'Anjou se rattache un arrêt important de la cour de cassation. Il y a une vingtaine d'années, dans un procès engagé à propos d'une concession dont le titulaire primitif était le munitionnaire Foulon, cette première victime de la révolution de 1789, la cour suprême a proclamé que « dans l'ancien droit commun de la France, et quelles qu'aient pu être, à certaines époques, les prétentions des seigneurs haut-justiciers, les mines étaient de droit régalien. » Il n'y a guère qu'un souvenir du même ordre à mentionner au sujet de l'anthracite du

III. L'industrie des combustibles minéraux

Forez, dont l'essor est naturellement comprimé par l'important bassin houiller de la même province. Une contestation féconde en incidents est venue ici donner lieu au conseil d'état de poser les principes fondamentaux de la compétence exclusive et distincte du pouvoir administratif pour le règlement des droits du propriétaire du sol sur les produits d'une mine, et de l'autorité judiciaire pour le règlement des indemnités dues au sujet de recherches illicitement entreprises dans un terrain.

Enfin il existe en France un autre bassin anthracifère que je ne puis passer sous silence à cause de l'anomalie scientifique qui le signale à l'attention des géologues, et qui est, depuis tantôt trente ans, le sujet d'une controverse animée, non-seulement en France, mais en Angleterre et en Italie. Je veux parler de l'anthracite des Alpes, de l'existence dans une formation secondaire d'un combustible appartenant géologiquement partout ailleurs à la formation primaire. La région alpine, où l'ordre naturel des couches est entièrement bouleversé et où toutes les roches sont profondément altérées par des phénomènes de métamorphisme, a de tout temps été un champ de bataille pour les géologues ; mais nul fait ne les a aussi profondément émus que cette présence simultanée et incontestable (au milieu de bancs de grès et de schistes renfermant des couches d'anthracite et subordonnés au calcaire supérieur du lias) de coquilles fossiles qui caractérisent les terrains jurassiques et de végétaux fossiles particuliers au terrain houiller. Cette anomalie, qui semble venir donner un démenti à la théorie, si universellement consacrée par la pratique, de la superposition fondamentale et constante des formations géologiques, a servi de prétexte à quelques savants pour infirmer le caractère de généralité qui est ordinairement attribué aux lois de la paléontologie. D'autres, se refusant à reconnaître un fait aussi contraire aux principes les plus essentiels de la géologie, sont disposés à laisser à l'avenir le soin de démontrer un renversement local de couches appartenant les unes au terrain jurassique, les autres au terrain de transition. D'autres encore prétendent que le terrain anthracifère des Alpes est véritablement un terrain houiller dans lequel auraient vécu des mollusques de la période liasique, tandis que l'auteur d'un utile ouvrage sur les combustibles minéraux [3] préfère supposer un phénomène local et exceptionnel produisant dans la région alpine une réapparition anormale des conditions de température propices à la végétation anthracifère. Je bornerai là mes indications sur le conflit d'opinions qu'a suscité le terrain carbonifère des Alpes [4]. Il me suffira de dire, en terminant, que M. Adolphe Brongniart, le botaniste paléontologue, après avoir constaté la complète identité de la flore du terrain anthracifère des Alpes, entièrement différente de celle du terrain jurassique, avec la flore d'un terrain houiller quelconque, ne penche pas pour l'âge récent du combustible litigieux, tandis que M. Élie de Beaumont, qui a tout d'abord émis l'idée qu'il appartenait à la formation jurassique, n'a jamais cru devoir modifier sa première opinion. L'éminent secrétaire perpétuel de l'Académie des Sciences a pensé que les débris animaux méritaient en cette occurrence une plus sérieuse attention, et, rappelant ces graines du Mexique qui viennent s'échouer sur les côtes de la Norvège, a fait remarquer combien il était permis de supposer l'arrivée, par des courants, de débris végétaux qui se trouvaient au fond d'une mer lointaine. La superficie de la région anthracifère des Alpes peut être évaluée à 900,000 hectares, c'est-à-dire à la moitié environ de la surface totale des terrains houillers de la Grande-Bretagne, de la Belgique et de la France, et à près de trois fois la superficie de nos seuls bassins ; mais la discontinuité des dépôts de combustible, parfois d'ailleurs d'une épaisseur considérable, empêche que cette importance relative passe du domaine géologique dans le domaine industriel. Les mines y sont généralement si peu riches, que la plupart des habitants de deux villages voisins d'un groupe de ces exploitations « se chauffent, dit M. Elie de Beaumont, pendant un hiver de neuf mois, *avec de la fiente de vache desséchée au soleil. Afin d'avoir moins froid, ils habitent dans leurs étables.* » On ne s'étonnera donc pas de voir le bassin des Alpes figurer seulement dans la production française en anthracite pour un peu plus du quart, c'est-à-dire pour fort peu de chose dans l'extraction indigène des combustibles minéraux.

Il ne me reste plus à parler que du lignite, combustible minéral qui peut, sans anomalie aucune, appartenir à la formation secondaire, mais qui se trouve plus ordinairement disséminé dans la formation tertiaire, notamment dans l'argile plastique, où sa présence accidentelle est la cause de ces recherches de houille qui ont été tentées à plusieurs reprises dans le bassin de Paris. Les explorateurs, — je parle de ceux qui étaient honnêtes, mais ignorants, — étaient trompés par l'extrême ressemblance qui existe dans certains cas entre le lignite et la houille. En effet, ce combustible, dont l'aspect est très variable, tient tantôt du bois fossile, tantôt de la houille ordinaire. Dans le premier cas, il ressemble à du bois dont la couleur serait foncée, et se rapproche tout à fait de la tourbe ; il est telle mine de lignite où l'œil distingue très nettement l'essence du bois fossile, et où l'outil d'abatage du mineur est pour ainsi dire la hache du bûcheron. Dans le second cas, le lignite a véritablement l'aspect de la houille, bien qu'un œil exercé y retrouve généralement la texture du bois ; néanmoins il peut arriver que les traces de la structure organique des végétaux, qui n'ont plus le caractère de ceux des terrains anthracifère et houiller, mais sont au contraire analogues à ceux de la période actuelle, soient à peine visibles et même disparaissent tout à fait. Il en est particulièrement ainsi pour les lignites de la Provence, qui forment le plus remarquable des îlots de ce combustible spécial connus en France. Sans aucune importance commerciale et n'ayant, à un degré encore moindre que l'anthracite, qu'une valeur purement locale, qui pourra cependant croître avec les progrès de l'industrie, le lignite n'existe pour ainsi dire qu'à l'état d'accident géologique. Les dépôts ne présentent plus cette continuité et ces roches caractéristiques que nous avons remarquées dans les terrains carbonifères anciens ; aucun indice ne vient donc guider l'explorateur, qui n'a plus rien à attendre des notions géologiques, et que le hasard seul peut servir. Enfin l'épaisseur des gîtes est infime. Ce combustible est malheureusement le seul dont il soit possible d'espérer l'existence dans le nord de l'Algérie, où aucun lambeau de terrain houiller n'a encore été constaté.

Les lignites des Bouches-du-Rhône, dont Marseille est le débouché naturel et indéfini, forment sept couches, dont deux seulement sont exploitées, et qui ont ensemble une puissance de 3 ou 4 mètres ; elles alternent avec des calcaires d'eau douce bitumineux ou marneux. Le grisou se montre quelquefois dans les mines de lignite, et l'abondance des pyrites y provoque des phénomènes très singuliers de décomposition du combustible, qui disparaissent d'ailleurs à mesure que l'on s'éloigne de la surface. On fait remonter vers la moitié du XVIIIe siècle les premiers essais d'emploi des lignites dans les savonneries de Marseille ; plus de 1,000 ouvriers extraient aujourd'hui d'une dizaine de mines en activité 1,200,000 quintaux métriques de ce combustible [5], qui est très peu inférieur à la houille, et qu'on recherche pour le chauffage des chaudières à vapeur. On trouvera sans doute que cette quantité de produits est peu en rapport avec le nombre de contestations survenues au sujet des mines provençales, qui ont motivé, dans le cours d'une trentaine d'années, jusqu'à vingt-cinq arrêts de la cour de cassation ou avis au contentieux du conseil d'état. Il est vraisemblable que quelque concessionnaire processif se sera rencontré dans le bassin des lignites des Bouches-du-Rhône, mais il faut s'en féliciter, car il a fait résoudre plusieurs questions fort intéressantes de propriété souterraine.

En résumé, tous les combustibles fossiles sont le résultat d'une minéralisation de végétaux produite par un phénomène constant dont la cause est encore inconnue, et dont l'énergie semble avoir été en diminuant pour disparaître de nos jours. Ces combustibles existent dans toutes les formations géologiques, et, à mesure qu'on s'élève dans la série des terrains, ils se rapprochent de plus en plus des matières végétales intactes, à ce point que la transition entre les lignites les plus modernes et la tourbe est à peu près insensible. Si, en dehors du terrain houiller proprement dit, il peut exister des gîtes intéressants de combustibles minéraux, ils n'ont, du moins en France, sous le rapport de la qualité et de la rareté [6], qu'une valeur purement locale. Tous, il ne faut point l'oublier, appartiennent aux mines, à cette seule catégorie de propriété souterraine que nous ayons eu jusqu'à présent à considérer.

II. — PRODUCTION ET EMPLOI DES COMBUSTIBLES MINÉRAUX.

Les classifications des combustibles minéraux sont nombreuses et variées suivant les considérations dont on les fait dépendre. On vient de voir l'ordre dans lequel le géologue doit nécessairement les placer. Le minéralogiste, qui se guide principalement par les caractères extérieurs, rangera dans la même catégorie les

III. L'industrie des combustibles minéraux

combustibles du même âge, mais introduira des divisions et des sous-divisions qui nous sont un indice de la difficulté que présenterait scientifiquement une spécification un peu nette. Le chimiste théorique, soumettant les corps à l'analyse *médiate*, y déterminera la proportion des principes élémentaires, comme l'a fait M. Regnault, en 1837, dans un travail très important sur la composition élémentaire des combustibles fossiles. Le chimiste pratique, se bornant à l'analyse *immédiate*, qui seule peut mettre en lumière les propriétés essentielles à connaître, recherchera les produits de la combustion et de la carbonisation, calculera la proportion des cendres que laisse la première de ces opérations, la nature et la quantité des gaz, des liquides aqueux ou bitumineux, et surtout du résidu charbonneux que fournit la seconde. L'industriel enfin, peu disposé à se préoccuper des considérations théoriques, quelles qu'elles soient, ne demandera guère qu'à la chimie pratique des indications sur un charbon minéral, et se placera surtout à un point de vue que je ne puis passer ici sous silence.

La carbonisation d'un combustible quelconque, — c'est-à-dire le chauffage hors du contact de l'air, contrairement à ce qui se fait dans la combustion — a pour but d'expulser toutes les matières volatiles, gazeuses ou liquides, que la substance contient, et le résidu solide de cette opération, si elle est suffisamment prolongée à une température convenable, est le charbon. Chacun connaît le produit utile que fournit la carbonisation du bois : l'agglutination des éléments fixes et la diminution du volume primitif qui caractérisent le charbon de bois, et aussi le charbon de tourbe, ne se retrouvent plus indistinctement dans les combustibles minéraux. Chez les uns, cette agglutination fait défaut au point de donner au charbon un degré insuffisant de solidité : tels sont les anthracites, les houilles anthraciteuses et les lignites. Chez les autres, le résidu, auquel on donne le nom particulier de *coke*, dont le poids peut varier de 45 à 75 pour 100 du poids du combustible soumis à la calcination, et dont le volume est toujours plus considérable que le volume de celui-ci, a une consistance remarquable dont le degré varie, ainsi que ce poids et ce volume, avec la qualité du combustible primitifs telles sont toutes les houilles autres que celles dont je viens de parler. L'administration des mines, dans ses publications officielles, fait, suivant le poids du résidu charbonneux, deux catégories extrêmes de la première de ces classes de combustibles minéraux, et partage la seconde en quatre catégories intermédiaires, déterminées par la manière dont la houille se comporte, suivant sa nature, sur la grille d'un foyer en ignition, et par la nature de la flamme qu'elle y produit On conçoit en effet qu'une houille bonne à la fabrication du coke, faisant bien cette voûte si recherchée dans les feux de maréchaux ; sera très mauvaise à brûler sur une grille par suite de l'obstruction qu'elle occasionnera. En un mot, suivant la manière dont il se comporte au feu, le combustible présente des qualités très variées, et répond à des besoins très divers, tels que le chauffage des foyers domestiques où des générateurs de vapeur, l'emploi dans les fourneaux métallurgiques, la production du gaz d'éclairage, la cuisson de la chaux, etc. À côté de cette classification industrielle, chaque bassin présente encore une classification locale qui a une grande importance commerciale, mais dont je dois me contenter d'indiquer l'existence.

La combustion, — durant laquelle se produit la chaleur dont l'homme tire parti, et qui est très variable suivant la nature du combustible, — a lieu à une température également variable ; elle produit de la flamme ou n'en produit pas, suivant que ses éléments sont combinés de telle ou telle manière. Sous ce rapport, la classification géologique ne perd pas entièrement son empire, attendu que les combustibles des différents âges ne peuvent généralement pas se suppléer dans les arts métallurgiques ou dans la production de la chaleur. L'anthracite, dont le nom est précisément tiré de la difficulté d'embrasement, nous représente du carbone presque pur, et par cela même brûle très lentement, plus lentement encore que le coke ; il détermine d'ailleurs comme lui une température très élevée ; en somme, il est rarement utilisé dans les feux domestiques, mais peut être employé en métallurgie avec le concours d'un courant d'air artificiel. Le lignite, qui emprunte son nom à sa structure, n'est pas propre à la production d'une chaleur un peu intense. Enfin la houille, — l'étymologie du mot est fort incertaine, mais vient à coup sûr de la Belgique, — peut réunir tous les défauts et toutes les qualités qu'offre un combustible minéral, pourvu qu'on la choisisse convenablement.

Mélangée en toutes proportions avec les schistes qui l'avoisinent dans le gisement, elle offre toutes les dégradations, depuis la houille

III. L'industrie des combustibles minéraux

relativement pure, qui ne contient que quelques centièmes de cendres, jusqu'à la houille trop argileuse pour valoir la peine d'être extraite de la mine. Elle renferme en outre plusieurs substances étrangères, parmi lesquelles je citerai la pyrite de fer, qui est à tous égards la plus nuisible, parce qu'elle rend le charbon d'un mauvais usage, puis parce qu'elle peut déterminer des incendies, soit dans l'intérieur de la mine, soit dans les magasins, ainsi que cela est arrivé tout récemment encore dans une fabrique de sucre de la Somme, où une combustion spontanée s'est produite dans un approvisionnement de charbon de 10,000 hectolitres environ, et en a détruit une quantité assez notable. Sous l'influence d'un air humide, la pyrite est transformée en sulfate, et la réaction chimique engendre un dégagement de chaleur capable d'enflammer la houille. J'ai eu l'occasion à propos de l'anthracite du Maine, de mentionner d'autres inconvénients résultant de la présence de ce minéral. Le fait des incendies spontanés qui se déclarent dans l'intérieur des houillères n'est rare en aucun pays, pas même en France, bien qu'il y soit combattu préventivement par une disposition du cahier des charges, qui impose au concessionnaire d'une mine l'obligation de transporter régulièrement au jour les matières susceptibles de prendre ainsi feu. Le meilleur moyen de mettre fin au sinistre quand il se produit est d'isoler avec soin la partie de la mine où il s'est déclaré, en faisant la part du feu, et d'aérer activement les travaux. L'inondation qu'on produit en laissant remonter les eaux dans la houillère n'est pas toujours un remède efficace à cause des substances chimiques qu'elles peuvent contenir et de l'action qui peut s'exercer sur les pyrites. Dans une mine des environs de Saint-Étienne, il existe un embrasement souterrain qui date de temps immémorial, peu actif du reste et se manifestant au jour par de simples altérations du terrain et des vapeurs sulfureuses. Ailleurs la lente propagation du feu a littéralement fabriqué du coke. Je ne parle point ici des incendies qui sont souvent la conséquence des explosions de grisou, ou qui résultent d'un accident déterminé, soit par un foyer d'aérage, soit par le fourneau d'une machine à vapeur intérieure [7] ; mais je dois mentionner, — ne fût-ce que pour citer un curieux exemple des guerres souterraines auxquelles pourrait donner lieu la propriété minérale, et dont Turgot ne se préoccupait pas en voulant soumettre celle-ci à son utopie, — l'incendie allumé à Falizolles en Belgique. Les habitants y exploitaient pêle-mêle les affleurements d'une couche de houille, et continuaient au fond les combats quotidiens qu'ils se livraient entre eux à la superficie ; ils avaient finalement imaginé, pour se chasser, de s'infecter mutuellement en brûlant de vieux cuirs. Un beau jour ils mirent le feu aux travaux, ne purent ni éteindre l'incendie ni s'entendre pour en faire la part, et il dure encore. Dans le cas où le feu prend à un dépôt de charbon, il suffit d'y pratiquer des canaux d'aérage pour le rafraîchir, ou de supprimer, par un moyen quelconque, tout contact de ce dépôt avec l'atmosphère.

La houille s'emploie crue ou carbonisée. On sait que le coke, dont on fait un si grand usage dans la métallurgie, est supérieur à tout autre combustible pour l'intensité de la chaleur qu'il produit, mais qu'il est d'une combustion difficile, et nécessite l'emploi en grandes masses, ainsi que l'action d'un fort courant d'air. La transformation de la houille en coke se fait, soit en tas, comme le charbon de bois, lorsque la houille est peu chère, soit dans des fours spéciaux munis d'une cheminée qui permet de régler la marche de l'opération. La première méthode exige que la houille soit en gros morceaux et occasionne un déchet considérable. La seconde est à la fois régulière et économique ; fort lente, elle dure parfois quatre-vingt-seize heures ; les produits gazeux qui se dégagent renferment une grande quantité de chaleur qui est autant que possible utilisée pour le chauffage. Quant à la chaleur nécessaire à l'opération même, elle est fournie simultanément par la combustion d'une partie des produits de la distillation de la houille et par la combustion d'une certaine quantité de celle-ci, quantité qui doit naturellement être aussi faible que possible. La qualité d'un coke se détermine principalement par la proportion de cendres, puis par le degré de consistance. Les cendres devant reproduire toutes les substances étrangères primitivement contenues dans la houille, on a été conduit à épurer celle-ci et à utiliser alors des charbons qui étaient autrefois sans aucun emploi, par suite de la petitesse des morceaux et de l'impureté qu'engendre la présence de pyrites et de schistes dans la houille. Il n'y a pas bien longtemps que les charbons menus du célèbre bassin houiller de Newcastle étaient employés simplement à faire des remblais, ou même étaient brûlés sur place pour éviter l'encombrement aux abords de la mine. Depuis qu'on est parvenu, au moyen d'une opération vraiment pratique, à débarrasser ces *menus* des matières étrangères qui les souillent, on ne perd plus rien d'un minéral si précieux, dont la consommation semble croître avec une rapidité qui finira, dans un avenir assez éloigné, il est vrai, par devenir inquiétante.

D'abord tentée sur des charbons pyriteux des Vosges pratiquée en 1840 dans l'Allier, bientôt répandue à Saint-Etienne, essayée en 1846 par des fabricants de coke de Valenciennes, l'épuration de la houille est devenue depuis 1848, époque à laquelle elle a été adoptée en Belgique, une opération commune. On commence par amener les charbons à un état convenable de grosseur, en les tamisant sur une grille qui en retient une partie et laisse passer l'autre, broyée alors entre des cylindres cannelés. Ce classement par ordre de grosseur ; ayant une grande importance, est souvent l'objet de soins multipliés. Qu'on se figure maintenant une caisse en bois pleine d'eau, divisée en deux compartiments inégaux, que dans le plus grand, sur un grillage, soient placés les morceaux de houille à épurer, que dans le plus petit se meuve verticalement un piston : l'eau, refoulée par ce piston à travers le grillage, soulèvera les morceaux de charbon, qui, puisqu'ils sont censés avoir à peu près le même volume, se classeront, au bout de quelques coups de piston, suivant la loi élémentaire des densités. En d'autres termes, les matières déposées sur le grillage se seront placées par couches sensiblement horizontales, et de telle sorte que les plus lourdes, c'est-à-dire les substances étrangères, seront au fond, et que les plus légères, c'est-à-dire la houille, seront à la surface. On n'aura donc qu'à enlever avec précaution, à l'aide d'une pelle, toute la partie supérieure du dépôt, ou mieux un système mécanique opérera cet enlèvement de manière à ne point donner de temps d'arrêt, et on retirera de temps en temps les matières stériles. Tel est le procédé d'épuration de la houille réduit à sa plus simple expression ; poussé à une grande limite de perfectionnement, c'est-à-dire à ce point où le charbon est réellement pur et où les matières stériles ne retiennent plus de charbon, il devient compliqué et dispendieux, et il y a un calcul très précis à faire pour savoir si la valeur supérieure ainsi donnée aux produits compense les frais qu'ils ont coûté.

Parmi les combustibles minéraux produits artificiellement, il faut encore mentionner ce qu'on appelle les *agglomérés*, sorte de charbon qu'on forme en mélangeant à chaud des menus pulvérulents avec des matières goudronneuses fournies par la fabrication du gaz d'éclairage, et en les comprimant fortement dans des moules. Les briquettes ainsi obtenues conviennent bien au chauffage des navires à vapeur, parce que le chargement est d'un facile arrimage ; elles ont aussi été employées par quelques-unes de nos compagnies de chemins de fer, notamment par celle du Nord. D'un bon usage au point de vue de la production de la vapeur, elles offrent réellement tous les avantages de la houille en gros morceaux. On connaît enfin un autre combustible artificiel qui, sous le nom de *coke d'anthracite* (deux mots qui jurent ensemble d'après ce que l'on a vu tout à l'heure), fait quelque bruit en ce moment, et mérite d'être soumis sérieusement à l'épreuve de la pratique : il s'agit cette fois d'un mélange intime de houille grasse et d'anthracite dans la proportion de 1 à 2, qui, sous l'action d'une forte chaleur, donnerait un produit homogène bien agglutiné et très propre aux usages industriels.

Sur les 448 concessions de mines de charbon qui existaient en France en 1852 et embrassaient environ 4,776 kilomètres carrés, 286 seulement étaient exploitées ; répandues dans 29 départements, elles avaient en feu 460 machines à vapeur, représentant ensemble une force de 12,880 chevaux, et 79 manèges. La Loire, le Gard et l'Aveyron étaient les trois départements qui offraient le plus grand nombre de concessions houillères : ils en contenaient respectivement 70, 45 et 33. En 1852, sur les 512,781 francs qui forment la totalité de la redevance proportionnelle perçue, au taux du vingtième, sur le produit net de l'exploitation des mines nationales de toute nature, 485,193 francs représentent la part de la seule extraction des combustibles minéraux, et sur cette somme plus de 300,000 fr. viennent du département de la Loire (183,764 fr.) et de celui du Nord (120,340 fr.). Cet impôt correspondrait à un bénéfice annuel de 9 millions de francs au moins, après qu'on aurait défalqué la redevance proportionnelle elle-même, la redevance fixe et le décime de guerre, du produit net calculé d'après la base de perception. D'après l'évaluation du comité des houillères françaises, l'établissement d'une exploitation livrant annuellement 1 million de quintaux métriques de charbon exige, suivant les bassins, un capital de 3 à 5 millions de francs, soit en moyenne de

III. L'industrie des combustibles minéraux

4 millions au moins, ce qui correspondrait aujourd'hui à un capital total de 250 millions de francs engagé dans l'industrie indigène. En 1852 toutefois, l'extraction était beaucoup plus faible, et la même proportion n'indique plus qu'un capital de 204 millions de francs, qui, comparé au bénéfice correspondant ; donne un intérêt de 4 fr. 40 pour 100, et le comité des houillères ne l'estime pas, de son côté, à 5 pour 100. S'il est possible d'accepter un chiffre aussi modique comme représentant en moyenne le bénéfice de l'industrie des combustibles minéraux, je ne puis admettre qu'un revenu aussi minime soit celui du capital immobilisé dans les grandes entreprises de nos compagnies d'Anzin, du département de la Loire, de Blanzy, de Commentry, de la Grand-Combe, qui absorbent certainement ensemble les quatre cinquièmes des capitaux engagés dans cette branche de l'industrie minérale. Il n'est permis du reste, on le conçoit, d'émettre en cette matière que de simples conjectures, et des difficultés presque insurmontables s'opposent à ce qu'on recueille des renseignements un peu exacts sur la valeur relative des exploitations houillères.

Il existe en France soixante-deux bassins houillers, dont les principaux sont ceux de la Loire et du Nord ; ceux de Saône-et-Loire et du Gard viennent ensuite par ordre d'importance, tout en ne produisant ensemble que 10 millions de quintaux métriques ; puis il n'y a plus que cinquante-huit petits bassins, qui jouent un rôle tout à fait secondaire vis-à-vis des précédents, — vis-à-vis surtout des deux premiers, dont les productions réunies sont égales à la moitié de notre production totale, — mais dont quelques-uns sont susceptibles de recevoir un grand développement. En 1836, le résumé des travaux statistiques de l'administration des mines a donné un tableau de l'exploitation des combustibles minéraux à partir de 1814. Antérieurement à cette date, on connaît quelques chiffres relatifs soit aux dernières années du XVIIIe siècle, soit aux premières du XIXe ; postérieurement à 1835, les publications officielles permettent d'apprécier l'importance successivement croissante de notre industrie houillère. Elles ne nous font défaut que pour la période la plus récente, puisque le dernier résumé s'arrête à l'année 1852. On peut essayer de combler cette lacune regrettable au moyen d'une remarque faite pour la première fois par M. Adolphe Brongniart. Le savant académicien a observé que la production française doublait tous les treize ans. Dès lors, si cette loi de progression, qu'aucun fait n'est venu infirmer encore, n'a pas cessé de s'appliquer, la production française, qui était en 1842 de 35,920,843 quintaux métriques, devait être en 1855 de 71,841,686 quintaux métriques, et très certainement ce chiffre est encore au-dessous de la vérité. Si nous nous en tenons aux nombres parfaitement sûrs, nous trouvons que la production indigène, qui était en 1787 de 2,150,000 quint. métriques, en 1802 de 8,441,800 quintaux métriques, a atteint à peu près le même chiffre en 1814, et a fourni successivement à notre industrie en 1820 10,936,578 quint. métriques, — en 1830 18,626,653 quint. métriques, — en 1840 30,033,820 quint. métriques, — en 1850 44,335,700 quintaux métriques. On a vu déjà qu'en 1852 elle ne dépassait point encore 50 millions de quintaux métriques, chiffre inférieur de 1,500,000 environ à celui de notre production en 1847 : telle a été l'influence de la révolution de 1848 sur la partie la plus importante de notre propriété souterraine. La révolution de 1830 n'avait eu qu'un contre-coup insignifiant : en 1831, la production houillère avait diminué de 1 million de quintaux métriques, mais elle avait crû du double en 1832. D'après le classement rationnel adopté par l'administration des mines, l'emploi du combustible minéral en France se répartit ainsi entre les groupes principaux de consommateurs : l'industrie en général en prend à elle seule les deux tiers ; le reste se partage entre le chauffage domestique (un cinquième), l'industrie des transports terrestre, fluviale et maritime (un douzième), et l'extraction des substances minérales (un vingtième). Le remarquable développement de nos chemins de fer, qui consomment en ce moment par année 7 millions de quintaux métriques environ, explique la part considérable qui revient surtout dans l'accroissement de la consommation à l'industrie des transports.

Le tableau de l'industrie des combustibles minéraux en France appelle quelques rapprochements naturels avec l'Angleterre et aussi avec la Belgique [8], qui nous a récemment dépassés et nous a relégués au troisième rang dans l'ordre de la production houillère. Un bulletin très utile, inséré depuis la fin de 1851 dans les *Annales des Mines*, nous donne sur l'industrie étrangère, et notamment sur l'industrie anglaise, de précieux renseignements extraits en grande partie des communications faites au gouvernement par ses agents consulaires et diplomatiques. Un savant et intéressant article publié, il y a un an.[9], sur le bassin houiller de Newcastle, nous apporte aussi d'utiles informations sur la puissance gigantesque de l'industrie et du commerce des combustibles minéraux dans la Grande-Bretagne. Tout d'abord nous y trouvons une preuve éclatante de la supériorité prodigieuse de l'industrie houillère anglaise. Le capital engagé dans la totalité des mines de charbon françaises est précisément égal au montant des sommes que représente le seul ensemble des houillères du nord de l'Angleterre, et le vingtième, soit 12,500,000 francs, correspond à l'une quelconque des principales entreprises. Les entreprises de deuxième, troisième et quatrième ordre sont respectivement formées au capital de 5 millions, 1 million et 400,000 francs environ et ces petits établissements sont de beaucoup les plus nombreux. Comme les industriels sont un peu les mêmes en tous pays, l'auteur anglais constate qu'il s'est heurté, dans ses tentatives d'évaluation, contre des difficultés semblables à celles qu'une enquête industrielle rencontre infailliblement en France. « Les propriétaires dit-il, sont ordinairement silencieux sur de tels sujets, et toutes recherches de cette nature sont regardées avec grande jalousie. » Lorsqu'il a procédé à ses investigations relativement aux bénéfices probables des industriels houillers, il a rencontré comme nous-même une estimation fort basse et il incline du reste à croire que ces bénéfices sont généralement exagérés par l'opinion publique. Quand il cite ensuite l'appréciation d'un directeur expérimenté de houillère qui suppose un revenu moyen de 10 pour 100, en ne tenant pas compte de l'amortissement du capital enfoui dans la mine, on voit du moins qu'il met en avant un chiffre vraisemblable pour estimer ce profit industriel.

La grande houillère de Stelton, dans le comté de Durham, produit par ses huit puits environ 12,000 quintaux métriques de charbon par jour, et le double dans les moments de grande activité commerciale. La maison Andrew Knowles et fils, du Lancashire, extrait quotidiennement 24,000 quintaux métriques ! Il est tel de ces établissements exceptionnels dont la production ne peut se comparer qu'a celle d'un pays tout entier. L'extraction journalière dont je viens de parler correspond à une extraction annuelle de

7,200,000, quintaux métriques au moins ; si on se rappelle à quel chiffre se montait notre production indigène en 1852, on voit alors que sept industriels semblables pourraient remplacer la France entière dans la part pour laquelle ses mines contribuent à la consommation houillère. Nous savons que la compagnie des mines d'Anzin offre un chiffre annuel encore plus élevé. On a fait, au sujet du géant maritime dont le lancement laborieux préoccupe depuis quelque temps l'attention du public européen, un curieux rapprochement : c'est que son tonnage, de 23,000 tonneaux équivalait à peu près au double du tonnage, de toute la marine britannique sous le règne de Henri VIII. J'ignore s'il existait à cette époque un relevé régulier de cette marine ; mais, en nous bornant aux navires spécialement affectés au service militaire, dont la plus ancienne liste daterait d'Edouard VI (1546), nous trouverons un tonnage total qui n'est que la moitié de celui du *Léviathan*. Lorsque l'Angleterre voulut résister à la fameuse *Armada* de Philippe II, on chercha tous les bâtiments en état de servir, et on en trouva 197, qui offraient ensemble un tonnage de ; 30,000 tonneaux, peu supérieur, comme on le voit, à celui du *Léviathan*. Il n'est pas besoin de remonter aussi loin dans les annales de l'industrie houillère pour trouver un terme analogue de comparaison à ces véritables *Léviathans* qu'elle aussi peut mettre en ligne. Le chiffre actuel de la production d'Anzin représente celui que l'extraction de toute la France atteignait en 1823. Relativement à la production de l'Angleterre, il est impossible de donner une série de nombres analogue à celle qui m'a servi à montrer l'augmentation progressive de la nôtre. Je trouve seulement dans divers documents que la Grande-Bretagne produisait en 1839 310,244,470 quintaux métriques de houille, — en 1848 347,547 500 quint, métr., — en 1854 646,614,010 quint, métr., — en 1855, 644,530,700 quint. ; met., — en 1856 677,117,770 quint., métriques. Il faut admettre que l'extraction anglaise est aujourd'hui à peu près décuple de l'extraction française.

En Belgique d'après le document officiel le plus récent, qui ne va pas au-delà de l'année 1850, il y avait à cette date, sur 592 sièges d'exploitation 408 sièges actifs, sur lesquels étaient en feu 605 machines à vapeur d'une force totale de 29,406, chevaux, et qui produisaient 58,205,880 quintaux métriques, c'est-à-dire déjà

III. L'industrie des combustibles minéraux

14 millions de plus que la France. Pour l'année 1855, l'extraction belge aurait été de 82,584,160 quintaux métriques ; l'écart est donc toujours dans le même sens, mais un peu moins considérable.

L'homme, j'ai eu plusieurs fois l'occasion d'insister, sur ce point, a fatalement procédé en sens contraire de l'aménagement rationnel de la propriété souterraine : il a naturellement commencé à prendre ce qu'il lui était le plus facile d'atteindre. Après avoir extrait le charbon à ciel ouvert, il s'est attaqué à celui qui se trouvait immédiatement à sa portée. Maigre une appréciation de plus en plus exacte des véritables conditions de l'exploitation des mines, il n'est finalement descendu qu'à quelques centaines de mètres, et n'a aujourd'hui touché, principalement en France, qu'à la partie tout à fait supérieure des bassins. Le plus profond de nos puits houillers est ce puits du bassin de la Loire qui a le premier atteint le prolongement des couches du système de Rive-de-Gier sous celui de Saint-Étienne, et qui doit être cité comme un exemple de l'obstination et de la hardiesse que réclame souvent l'industrie minérale ; il a plus de 600 mètres, mais c'est un ouvrage tout à fait exceptionnel. Partout ailleurs le chiffre oscille généralement entre 300 et 400 mètres. Néanmoins, dans quelques régions carbonifères, commence à être soulevée sérieusement la question si intéressante de l'approfondissement des mines. Déjà en Belgique, où les puits sont plus profonds qu'en France, le gouvernement a fait de ce problème industriel l'objet d'un concours extraordinaire, et l'a posé ainsi : « indiquer un système complet de moyens rationnels et pratiques de porter l'exploitation des houillères à 1,000 mètres au moins de profondeur, sans aggraver sensiblement les conditions économiques dans lesquelles on opère aujourd'hui. » En effet, dès que, prenant le contre-pied de la devise bien connue de Fouquet, le mineur voudra descendre, il se trouvera aux prises avec des difficultés très sérieuses, mais qui ne seront pas, tout porte à le croire, vraiment insurmontables. Le mineur s'est trouvé à coup sûr dans une position bien plus défavorable quand il lui a fallu creuser un puits, traverser des niveaux d'eau comme dans le nord de la France, assécher régulièrement les travaux souterrains, les aérer ; cependant il est ainsi arrivé à plusieurs centaines de mètres : il ira plus loin encore.

Les capitaux qu'absorbera l'industrie houillère seront de plus en plus considérables, à en juger par ceux qu'elle exige aujourd'hui : le seul creusement d'un puits de quelques centaines de mètres engloutit en quelques années plusieurs centaines de mille francs. En 1843, une compagnie houillère du Nord a dépensé 1,700,000 francs pour atteindre le terrain houiller à 140 mètres seulement de profondeur. Bien que le fait soit exceptionnel, il semble presque sur le point de se renouveler en ce moment dans la même région. On le voit cependant, les dépenses de creusement ne sont point en relation directe avec la profondeur des puits à foncer. Le comité des houillères françaises porte à 250 millions de francs déjà le capital total engagé dans les exploitations de cette nature. — L'accroissement inévitable de température, qui peut se calculer en ajoutant à la température moyenne de l'extérieur (qui est de 10 degrés environ) 1 degré par trentaine de mètres, ne constituera pas la difficulté la plus grande pour le mineur : il pourra être combattu par un aérage perfectionné. Quant à l'extraction et à l'épuisement des eaux, les poids des câbles et des tiges de pompes créeront des obstacles qui ne pourront être vraisemblablement surmontés que par l'introduction de relais. En effet, dans le premier cas par exemple, il se passera quelque chose d'analogue à ce qui avait lieu lors de l'immersion, malheureusement manquée à la première tentative, du câble sous-marin destiné à établir une communication télégraphique entre l'Angleterre et les États-Unis [10], opération où le poids de la partie qui sortait du vaisseau obligeait à en modérer le déroulement par l'action de freins très puissants. Si la longueur d'un câble de mines n'est pas comparable à celle du câble atlantique, le poids par mètre courant du premier, du moins s'il est fait avec du chanvre, est certainement quintuple du poids du second. Admettons qu'il soit sextuple, c'est-à-dire qu'il ait la valeur moyenne de 3 kilogrammes : le poids total d'un câble d'un kilomètre serait de 3,000 kilogrammes, et engendrerait ainsi, en supposant que 20 quintaux métriques de charbon fussent enlevés à la fois, une résistance de 5,000 kilogrammes au moins, à l'instant où la charge quitte le bas du puits, c'est-à-dire à l'instant où cette résistance, qui diminue d'ailleurs rapidement et devient même négative, est maximum. Enfin j'ai dit précédemment combien la circulation des ouvriers dans les puits de mines offrait déjà de difficultés : on ne s'étonnera donc pas de voir le gouvernement belge mettre, parmi les points principaux du problème minéral qu'il pose aux ingénieurs de tous les pays, l'invention, « pour la descente et l'ascension des ouvriers mineurs, d'un moyen présentant toutes les conditions désirables au triple point de vue de la sûreté, de l'absence de fatigue et de l'économie. » M. Amédée Burat propose hardiment « d'organiser dans l'intérieur des mines des logements d'ouvriers qui permettraient à ceux-ci de ne remonter au jour que deux fois la semaine. » Cette proposition, que je ne crois guère pratique, m'amène à dire quelques mots des conditions hygiéniques au milieu desquelles s'accomplit le travail du mineur, et d'un dernier ordre de précautions imposé à l'exploitant de ce genre de propriété souterraine.

III. — CONDITIONS PARTICULIÈRES DU TRAVAIL DES MINES.

Le travail des enfants dans les mines n'est pas régi par la loi de 1841 sur les usines et manufactures dont les prescriptions concernant la durée du repos et la suppression des occupations nocturnes eussent été difficilement applicables aux exploitations souterraines. Il n'existe à l'égard des enfants qu'une mesure réglementaire, inscrite dans le décret impérial du 3 janvier 1813, aux termes duquel ils ne peuvent être employés dans les mines avant d'avoir atteint l'âge de dix ans : on sait que dans les usines et manufactures les enfants peuvent être reçus dès l'âge de huit ans. La même limite est naturellement adoptée en Belgique, où notre décret de police minérale est resté en vigueur ; elle a même été empruntée par l'Angleterre, qui, avec l'acte fondamental de 1842, a fait un premier pas dans la voie d'une surveillance administrative des houillères. Il est à remarquer à ce propos que le gouvernement anglais avait été littéralement contraint par l'opinion publique à se départir de l'extrême réserve qu'il apporte habituellement dans ses relations avec l'industrie. Les détails les plus affligeants pour l'humanité avaient été révélés par les enquêtes faites dans les mines de houille. La tâche habituellement confiée aux plus jeunes enfants est la manœuvre de ces portes d'aérage qui dirigent le courant d'air à l'aide duquel est créée l'atmosphère artificielle de la mine, portes qu'il convient de n'ouvrir que pour donner passage aux wagons et de refermer aussitôt après. Ce n'est pas sans une émotion pénible qu'on pense à ces pauvres petits serfs de l'industrie minérale, qui, au lieu de jouir de l'air et de la lumière si nécessaires à leur développement physique et moral, passaient leurs jeunes années accroupis dans l'obscurité et occupés à un travail d'une si abrutissante monotonie qu'il les conduisait fréquemment à l'idiotisme. Le bill de 1842 a d'ailleurs apporté une grande modification dans les habitudes des industriels houillers, en prohibant complètement l'emploi des femmes dans les mines de charbon. La France n'a jamais connu, il faut le dire, cet usage barbare ; mais, dans certaines mines de la Belgique, les jeunes filles sont encore occupées concurremment avec les jeunes garçons au transport intérieur de la houille, sans qu'aucune différence dans le costume vienne désigner la différence des sexes à l'œil du voyageur souterrain. Je n'ai pas besoin d'insister sur la dépravation qui est la conséquence naturelle de la promiscuité des sexes dans de semblables conditions. Il est pénible d'ajouter qu'avant le bill de 1842, il existait en Angleterre quelques mines où les hommes et les femmes travaillaient ensemble dans un état complet de nudité.

Attendre l'âge de dix ans pour commencer la pénible carrière du mineur, c'est encore devancer la limite fixée par la nature, et ceux qui se livrent trop jeunes au travail souterrain restent souvent contrefaits. Le mineur est en général reconnaissable par sa maigreur et sa pâleur habituelles, par le développement excessif des muscles du tronc, par un corps voûté, par une démarche boiteuse. Les difficultés de l'aérage des mines n'expliquent que trop bien l'apparence maladive du mineur. Dans son intéressant *Dictionnaire d'hygiène et de salubrité*, le docteur A. Tardieu regarde l'*anémie des mineurs* comme constituant, par l'ensemble des symptômes ordinaires, une véritable affection scorbutique. L'anémie et l'asthme, conséquences immédiates de l'air vicié qui se respire trop fréquemment dans les mines, ne sont pas les seules maladies auxquelles les ouvriers soient sujets ; ils sont particulièrement atteints d'affections rhumatismales, de maladies scrofuleuses, de phthisie pulmonaire, de maladies de l'épine dorsale, contractées durant le travail fatigant qui leur est échu en partage. On sait d'ailleurs que l'industrie minérale est au nombre des industries

III. L'industrie des combustibles minéraux

dont les ouvriers travaillent indistinctement le jour et la nuit. Quelquefois on répartit entre trois *postes*, de huit heures chacun, les vingt-quatre heures de la journée de travail ; autrement on divise celle-ci en deux parties égales, et la série *diurne* alterne avec la série *nocturne* par huitaine ou par quinzaine.

La population condamnée à vivre dans des conditions aussi défavorables compte dans les trois pays que nous considérons, et pour la seule industrie houillère, plus de 300,000 individus. Sur ce nombre, 220,000, dont 2,642 femmes employées, bien entendu, à l'extérieur, appartiennent à l'Angleterre, 48,000 au moins à la Belgique, et 40,000 à la France. On trouve quelques chiffres, particuliers à la vérité au pays de Galles, mais de nature à préciser les causes de lente détérioration à laquelle est soumise la population des mines, dans un mémoire sur les maladies des mineurs fait, en 1855, par M. Herbert Mackworth, un des inspecteurs des houillères de l'Angleterre. Ce fonctionnaire estime que la mortalité des mineurs de 10 à 25 ans est triple de celle assignée en général par la statistique aux individus du même âge, et que la proportion était encore plus déplorable autrefois pour les enfants de moins de dix ans ; il ajoute qu'à Merthyr, où le choléra a sévi avec violence, l'épidémie a fait trois fois moins de ravages que les maladies propres aux mineurs parmi les ouvriers des houillères de la contrée, et qu'enfin, pour les mineurs âgés de 15 à 25 ans, le tiers des morts est dû aux maladies des organes respiratoires. D'autre part, M. A. Tardieu assure qu'entre 30 et 40 ans une vieillesse prématurée apparaît chez les ouvriers souterrains, et que ceux-ci dépassent rarement la cinquantaine. On comprend alors pourquoi, parmi les hommes employés dans les houillères anglaises, le nombre de ceux qui sont âgés de moins de 20 ans est supérieur de 15,000 environ au nombre de ceux qui dépassent la vingtième année.

La profession du mineur houiller n'est pas seulement pénible et malsaine, elle est encore excessivement périlleuse en raison des difficultés en quelque sorte inhérentes à l'exploitation de cette branche de la propriété souterraine. En 1855, 956 ouvriers ont péri de mort violente et accidentelle dans les 2,600 houillères de la Grande-Bretagne : ainsi chaque million de tonnes de charbon y a coûté 15 vies humaines. En 1854, pour cinq des six districts entre lesquels est maintenant partagé le royaume-uni au point de vue de cette surveillance administrative on comptait 893 morts d'ouvriers, dont 321 dues à des éboulements, 231 dues à des accidents de puits (rupture du câble, etc.), 192 occasionnées par des explosions de grisou, et 148 attribuées à diverses causes. Le nombre total des morts était d'ailleurs de 1,045 pour les six districts. « Un houilleur nous disait, écrit l'auteur de l'article du *British Quarterly Review*, que, pour une cause quelconque, un ouvrier pouvait être bien sûr d'être sacrifié à 40 ou 45 ans. En examinant quelques centaines de jeunes mineurs, nous avons découvert qu'un petit nombre seulement avaient échappé à toute espèce d'accidents. De jeunes garçons basaient toute leur chronologie sur les dates mêmes des accidents dont ils avaient été victimes. »

En Belgique, les comptes-rendus publiés par le ministère des travaux publics donnent avec un véritable luxe la statistique des accidents de mines ; chaque fait y est, depuis une trentaine d'années, l'objet d'une analyse détaillée et méthodique ; je me bornerai à considérer l'année 1850, choisie par l'administration française pour un travail analogue. Les seules houillères de ce petit royaume occupaient alors à l'intérieur 36,430 ouvriers, parmi lesquels on compte 3,495 femmes, dont 1,221 âgées de moins de seize ans. Les accidents sont au nombre de 156, et ont fait 270 victimes ; près de la moitié (84) des morts sont dues au grisou, 46 mineurs ont été tués par des éboulements, 24 par des ruptures de machines, câbles, engins, etc., 18 par les chutes dans les puits, 3 par des asphyxies, etc. Si la Belgique nous est, quant au nombre des morts, très supérieure, elle nous est très inférieure, on va le voir, quant au nombre des blessés, ce qui tendrait à faire croire que ce dernier relevé a été fait avec plus d'exactitude par notre administration. Il est bien entendu d'ailleurs que la Grande-Bretagne occupe le premier rang dans la funèbre statistique : produire vite et beaucoup, telle semble être en Angleterre la devise de cette industrie comme de toute autre, et les travaux souterrains y sont menés avec peu de prudence.

Le dernier résumé statistique de l'administration des mines de France ne donne que pour 1850 le tableau général des accidents survenus dans les exploitations minérales de toute nature ; mais quelques chiffres insérés dans le rapport du ministre des travaux publics à l'empereur, qui se trouve en tête de la publication officielle, permettent en outre de comparer cette année aux années 1842

III. L'industrie des combustibles minéraux

et 1844, peu différentes d'ailleurs dans les résultats généraux. En 1842, les accidents survenus dans les exploitations de combustibles minéraux, qui occupaient 28,149 ouvriers, ont tué 122 individus et blessé 809 autres. Ces accidents comprenaient 237 chutes d'ouvriers dans les puits (20 morts), 131 ruptures de machines, câbles, engins ou chutes de tonnes (11 morts), 77 explosions de grisou (23 morts), etc. En 1844, le nombre des victimes était de 783 seulement, sur lesquelles on ne compte que 91 morts ; les explosions n'avaient tué que 2 ouvriers et en avaient blessé 25. En 1850 enfin, le tableau détaillé qui concerne cette année permet une précision bien plus grande. On y voit que les mines de houille, d'anthracite et de lignite occupaient respectivement : 21,131, — 1,342, — 1,333 ouvriers à l'intérieur ; 7,342, — 351, — 152 à l'extérieur ; 28,473, — 1,693, — 1,485 en totalité ; qu'elles avaient été le théâtre de 451, 78 et 5 accidents, ayant tué 117, 2 et 3 ouvriers, et en ayant blessé 395, 77 et 4. Sur les 598 victimes de l'industrie houillère, 122 avaient donc péri. On a ainsi une idée de la nature périlleuse des diverses sortes de mines de combustible minéral. On voit que les mines de houille proprement dites sont de beaucoup au premier rang, et que les mines de lignite offrent peu de dangers.

Si l'on recherche quelles sont les causes les plus habituelles de ces accidents, dont l'ensemble présente, on l'a sans doute remarqué, une notable amélioration relativement aux deux années dont je parlais tout à l'heure, on trouve qu'elles se succèdent dans le même ordre qu'en Angleterre, que les éboulements souterrains ont fait 450 victimes, dont 73 morts, les ruptures de machines, etc., 141 victimes, dont 6 morts, les chutes dans les puits, 47 victimes, dont 17 morts, les explosions de grisou, 22 victimes, dont 8 morts. Les 634 accidents de 1850 comprennent encore les coups de mines, les asphyxies et les inondations, qui ont occasionné la mort de 11 ouvriers : 25 individus ont en outre été blessés par la première de ces causes.

La première catégorie d'accidents comprend, indépendamment des éboulements de quelque étendue qui sont fort rares, les chutes excessivement fréquentes des blocs de charbon ou de la roche supérieure, qui se détachent brusquement au moment même où les ouvriers les attaquent, et sous lesquels ils sont écrasés ou tout au moins estropiés. Dans la deuxième et la troisième se rangent, à côté d'accidents divers et sans qu'on puisse les séparer, les dangers inhérents aux systèmes actuellement usités pour la circulation des ouvriers dans les puits des houillères. L'emploi des échelles, regardé comme une des causes les plus sérieuses d'affaiblissement de la constitution des mineurs, et l'usage des tonnes, perfectionné d'ailleurs par la pose de guides le long des parois du puits, entrent dans ce total pour des proportions, qu'il est regrettable de ne pouvoir connaître et comparer. Je ne dois pas oublier de mentionner ici l'ingénieuse et hardie invention d'un chef d'atelier de la compagnie d'Anzin, M. Fontaine, qui, au moyen d'un parachute, combat victorieusement les ruptures de câbles. Une centaine de mineurs, qui auraient infailliblement été précipités au fond du puits à la suite de semblables ruptures, si l'appareil n'avait pas fonctionné, doivent la vie à ce mécanisme, dont je ne puis mieux donner une idée qu'en rappelant l'effet qui se produirait si l'on ouvrait une paire de ciseaux dans un tuyau. Deux leviers pointus sont normalement maintenus, durant la circulation de la cage dans le puits, à une distance suffisante des parois. En cas de rupture du câble, un ressort, qui se détend brusquement, fixe instantanément les griffes de ces leviers dans des madriers, et la cage reste suspendue en l'air. Un couvercle solide reçoit la partie du câble qui est attachée à cette cage, et dont on sait que le poids pourrait, si elle est d'une certaine longueur, assommer les hommes. On a vu quelquefois des ouvriers avoir ainsi au-dessus de leurs têtes 524 mètres de câble, soit 2,620 kilogrammes. Lorsque l'arrêt brusque a lieu dans un mouvement ascensionnel, il se fait naturellement à peine sentir ; mais, s'il se produisait pendant la descente d'une cage, il serait à craindre que le choc ne fût très violent et réellement compromettant pour la sécurité des mineurs : il ne paraît pas que ces appréhensions aient été justifiées jusqu'à présent.

Quant aux explosions du gaz hydrogène carboné, irrespirable d'ailleurs comme tous les gaz délétères qui se dégagent dans la mine, il convient de s'y arrêter quelques instants, eu égard aux conséquences désastreuses qu'elles entraînent. Là où se produit une explosion, un grand nombre des ouvriers est brûlé, et le reste court risque d'être asphyxié par les gaz qui viennent remplir les travaux après l'inflammation du grisou. On a vu des tonnes lancées par les puits ainsi qu'une bombe par un mortier, et des mines entières

III. L'industrie des combustibles minéraux

dévastées comme si elles avaient été le théâtre d'une de ces trombes qui viennent quelquefois ravager certaines vallées. Je crois devoir emprunter à l'article déjà cité du *British Quarterly Review* le récit émouvant d'une descente dans une mine du bassin de Newcastle, faite à la suite d'une de ces catastrophes dont les houillères de cette région sont trop fréquemment le théâtre [11].

« Rien peut-être ne remplit l'esprit d'une plus profonde tristesse que de se trouver, comme cela nous est arrivé, à l'orifice d'une houillère qui a été récemment le théâtre d'une explosion. Un jour où même une heure auparavant, elle offrait le spectacle d'une dévorante activité et d'une évidente prospérité, dont les signes se manifestaient partout. Les paniers de charbon montaient continuellement, et, étaient versés en toute hâte dans les wagons bruyants, après avoir été lancés sur les treillis sonores des grands cribles. Hauts étaient les appels des hommes, les chants et les rires des jeunes gens, et la grande et lourde machine à vapeur ne cessait de pomper et de tirer avec des soupirs, des gémissements et des mouvements de géant. Maintenant tout est immobile, silencieux, tout inspire l'effroi. Un ou deux mineurs graves et attristés attendent le directeur à l'entrée de la mine. La machine à vapeur est sans bruit ; les molettes qui surmontent le puits, dont la rotation continuelle attirait les regards, ne font plus aucune évolution ; les wagons reposent inutiles et en désordre. Par extraordinaire, les jeunes gens et les enfants sont vus pleurants ; les chaumières des mineurs sont fermées comme si ce jour était un dimanche.

« Descendons maintenant avec le directeur : combien la mine est différente d'elle-même ! Au bas du puits, où l'on trouvait d'habitude un groupe de mineurs fumant et plaisantant, tout est silencieux. Nous descendons du panier qui nous a amenés sans que nul vienne nous aider de son complaisant appui. À peine avons-nous fait quelques pas dans la mine, que nous reconnaissons les traces de la catastrophe. Aucun mouvement ne se produit. Les galeries, autrefois si encombrées, sont libres et sans bruit. Un convoi entier de wagons de charbon est au repos sur le chemin de fer. Aucun cheval, aucun conducteur ne paraît. L'explosion a eu lieu dans quelque partie éloignée de la mine. Nous voyons çà et là, en approchant, la faible lueur d'une lampe de Davy, tenue par un mineur qui cherche les cadavres de ses compagnons. Là, il nous faut passer sur une masse de pierres et de charbons qui ont été renversés par la force de l'explosion. Plus loin, les parois de la galerie portent les traces du passage du gaz enflammé. Nous rejoignons enfin ceux qui cherchent à retrouver les corps de deux ou trois mineurs qui doivent avoir péri en cet endroit. D'énormes blocs du toit ont été arrachés par le grisou, auquel ils faisaient obstacle ; on a pioché et enlevé une partie des décombres pendant plusieurs heures. La scène est éclairée faiblement par nos trois ou quatre lampes, que nous levons de temps en temps pour jeter sur ces décombres un coup d'œil inquiet. Au bout d'une demi-heure, nous faisons une découverte, particulièrement émouvante pour ceux qui ne sont pas accoutumés à de semblables spectacles : nous apercevons une masse noire et inerte qui a toute l'apparence du charbon ; mais il est reconnu que c'est un cadavre, et une inspection minutieuse prouve clairement en effet que ceci a été un homme vivant. Nous nous bornerons à dire que cette masse est décemment enveloppée et montée au jour. Pour nous, cette scène nous fait mal ; d'ailleurs la place n'est pas sans danger, car les terribles effets de la catastrophe ont ébranlé le toit et déplacé les étais. Le fracas subit que nous avons entendu une ou deux minutes auparavant était produit par la chute du charbon dans la galerie même que nous venions de traverser. »

Le grisou, produit peut-être lors de la fermentation qui a dû accompagner la décomposition des végétaux houillère, est en quelque sorte emprisonné au milieu du charbon, d'où il s'échappe avec un bruit très distinct et parfois en linéaments blanchâtres auxquels il doit sans doute son nom. Il se rencontre particulièrement dans les endroits où les couches sont dérangées et dans les meilleures qualités de houille. La tension en est si considérable qu'une fois dans une mine anglaise, un bloc de charbon de plus de 11,000 kilogrammes a été violemment chassé en avant sous cette seule influence. Le dégagement du grisou est variable et paraît être en relation avec la pression atmosphérique ; il est plus abondant dans les temps d'orage. Très léger, il monte à la partie supérieure des galeries et se loge dans les angles, d'où il est difficile de le chasser. On prévoit la sollicitude constante que réclame, pour l'aérage et l'éclairage des travaux, la surveillance

III. L'industrie des combustibles minéraux

d'une houillère à grisou.

Un fait singulier donnera une idée de l'abondance déplorable du grisou dans les mines de Newcastle. Un ingénieur anglais eut l'idée de mettre un tube de 0m10 de diamètre en communication avec une partie, abandonnée depuis dix-neuf ans, et isolée, d'une de ces houillères où chaque pore du charbon pourrait en quelque sorte être utilisé comme bec de gaz On doit estimer à 1 million de mètres cubes environ la quantité annuelle d'hydrogène carboné qui s'est jusqu'à présent dégagée par cet orifice, ce qui conduit à conclure, que le grisou doit être fortement comprimé dans les couches qui le recèlent. Le tube fut amené à quelque hauteur au-dessus du sol, et ce gigantesque bec de gaz naturel fut allumé ; il brûle ainsi jour et nuit depuis dix-neuf ans, vacillant au gré des vents. En 1846 la chaleur, développée par une explosion de grisou, acquit une telle intensité qu'elle transforma en coke, sur quelques millimètres d'épaisseur et sur une superficie considérable, les parois de charbon de la mine. Dans les seules houillères du nord de l'Angleterre, le nombre des victimes du grisou est évaluée, de la fin de 1799 au mois de mars 1841, d'après des renseignements dignes de foi, à 1,480, et on le croit au-dessous de la vérité. Dans les mines de Durham et du Northumberland, le même nombre est, de 1756 à 1843, fixé à 1,491. Enfin les principales explosions de houillères d'une période récente de sept ans auraient fait périr 1,099 ouvriers.

Parmi les causes secondaires d'accidents de mines, il en est une qui se rattache directement ainsi d'ailleurs que les explosions, à l'histoire administrative de la propriété minérale : je veux parler des inondations. C'est à la suite de deux terribles catastrophes survenues dans la province de Liège que fut promulgué le décret impérial du 3 janvier 1813 sur la police souterraine, le 10 janvier 1812, une explosion de grisou avait tué 78 mineurs ; le 28 février, une irruption subite d'eau envahit une mine où se trouvaient 93 ouvriers ; 22 périrent, mais les 71 autres purent être sauvés, après six jours de travaux habilement menés de l'intérieur et de l'extérieur, grâce au dévouement, au sang-froid et à l'habileté du maître mineur Hubert Goffin, dont le dévouement excita alors un enthousiasme général que les contemporains n'ont point oublié [12], et à qui l'empereur Napoléon envoya aussitôt la décoration de la Légion d'honneur. Ces deux grands désastres, aussi rapprochés, ne pouvaient manquer d'exciter la sollicitude du gouvernement français. Au nombre des mesures de prudence qui furent prescrites à partir de cette époque, se trouve l'obligation capitale, rappelée dans tous les cahiers de charges des concessions de mines de tenir un registre et un plan donnant la situation quotidienne des travaux, ainsi que l'indication de toutes les circonstances dont il importe de garder la trace. À défaut de cette précaution, la délivrance des ouvriers ensevelis sous un éboulement ou cernés par les eaux ne serait plus que le résultat du tâtonnement, et la vie de ces hommes utiles pourrait se trouver à chaque instant livrée à tous les hasards de leur périlleuse profession. Les plans seuls donnent le moyen d'éviter la rencontre des anciens travaux, source des plus grands périls, car ils sont toujours remplis d'eaux ou de gaz nuisibles. La nécessité de posséder ainsi un plan très exact des différentes parties d'une mine n'est pas seulement une question de sécurité. Ce plan est en outre indispensable pour l'exploitation même ; il est d'un usage quotidien pour dégager l'inconnu du problème industriel, notamment dans l'étude des accidents de terrain dont il a été question à propos de la formation houillère proprement dite. Il sert par exemple, concurremment avec l'instinct du mineur et les coupes géologiques de la contrée, à résoudre les difficultés qu'offre le rapprochement des portions de couches interrompues et rejetées, et à en retrouver la relation primitive.

En regard des accidents de toute sorte auxquels est sujette la population ouvrière de l'industrie des combustibles minéraux, il n'est que juste de parler des institutions de prévoyance et de secours qui ont été organisées par ceux qui emploient cette population, — évaluée pour la France, en y comprenant les familles des ouvriers, à 150,000 âmes. Comme le remarque avec un légitime orgueil le comité des houillères, bien avant que la révolution de février eût fait violemment surgir les questions délicates et irritantes qui se rattachent à la classe des prolétaires, les concessionnaires des mines de charbon étaient spontanément entrés dans la voie de la bienfaisance, en créant pour leurs ouvriers des caisses de secours et de retraite, des hospices, des écoles pour l'éducation des enfants, en faisant bâtir des villages d'ouvriers, comme à Anzin notamment, en s'imposant enfin des sacrifices dans toutes les circonstances où la cherté des céréales compromettait le sort des classes nécessiteuses. Les grandes compagnies se font particulièrement et naturellement remarquer par leur sollicitude pour les ouvriers qu'elles occupent, et je dois mentionner au premier rang parmi celles-ci la compagnie des mines d'Anzin et celle des mines de la Loire. Seule, la première n'a pas institué de caisse de prévoyance, mais elle prend à sa charge tous les frais résultant des secours, des soins médicaux, des pensions dont les mineurs peuvent avoir besoin, ainsi que leurs familles. La seconde, — à l'instar du reste de la plupart des concessionnaires de mines, grands ou petits, qui ne se sont pas laissé rebuter par la résistance peu intelligente des ouvriers, au point de vue même de leurs intérêts, — avait organisé un système complet de prévoyance. Une caisse était alimentée par une retenue sur le salaire de chaque mineur, par le produit des amendes disciplinaires qu'encourt le personnel, par les dons de l'état, du département, des communes et des particuliers, enfin par une subvention volontaire de la compagnie, égale annuellement à la somme totale des retenues versées par les ouvriers. Cette caisse faisait face aux dépenses occasionnées par les soins médicaux donnés aux mineurs blessés ou malades et à leurs familles, par les secours en argent qui pouvaient leur être attribués suivant de certaines règles, par les indemnités pécuniaires accordées aux veuves et aux enfants des victimes d'accidents, etc. L'administration de la caisse était confiée à un conseil formé en partie au sein même de la compagnie et en partie parmi les ouvriers par la voie de l'élection, et les droits aux secours étaient l'objet d'un règlement détaillé. On retrouve les mêmes principes à peu près dans toutes les institutions de ce genre, mais les applications varient à l'infini. Ainsi la retenue sur les salaires est de 2 pour 100, de 3 pour 100 ou de 4 pour 100 ; la compagnie générale des mines de la Sarthe et de la Mayenne fait, suivant les usages locaux, une retenue de 5 pour 100, et subvient alors à toutes les dépenses qu'entraîne le service de secours. Du reste, toutes ces mesures n'empêchent pas la misère d'entrer au logis de l'ouvrier malade, car une allocation quotidienne de 50 centimes, de 75 centimes ou même de 1 franc, ne suffit pas pour faire vivre celui qui est devenu momentanément incapable d'exercer sa profession, alors même, quand il est marié, qu'il est aussi alloué à la femme et aux jeunes enfants une somme de 25 centimes.

Il ne semble pas qu'en Angleterre fonctionne aucune institution spéciale de cette nature. En Belgique au contraire, un système régulier est organisé depuis près de vingt ans. Les frais de maladies et de blessures des mineurs sont pris sur des caisses particulières à chaque concession houillère alimentées par les subventions volontaires des propriétaires et une retenue de 2 pour 100 sur les salaires des ouvriers. En outre, pour chaque arrondissement, une caisse générale de secours supporte les dépenses qu'entraînent les pensions accordées aux infirmes, aux veuves, aux orphelins ; les fonds proviennent d'une retenue de 1 pour 100 faite sur les salaires des mineurs, d'une somme égale versée par les exploitants, et d'une subvention de l'état annuellement votée par le pouvoir législatif. Il y a là une idée qui serait utilement appliquée en France, où une seule tentative faite dans cette voie, il y a quarante ans, pour le bassin houiller de Rive-de-Gier, est restée infructueuse. Cette cotisation des exploitants doit incontestablement produire un effet moral très salutaire sur les ouvriers, et elle gagnerait beaucoup à être régularisée en France, où le gouvernement s'est borné jusqu'à présent à faire à la sollicitude des concessionnaires de mines un appel qui a été d'ailleurs généralement entendu.

L'exploitation des combustibles minéraux ne soulève pas seulement des questions industrielles, elle soulève encore des questions commerciales, qui seront l'objet d'une prochaine étude. Si je me suis étendu autant sur les premières, la raison en est simple. M. Léonce de Lavergne rappelait récemment, devant l'Académie des Sciences morales, ce passage du *Dictionnaire philosophique* de Voltaire : « Si les habitants voluptueux des villes savaient ce qu'il en coûte pour leur procurer leur pain, ils en seraient effrayés. » Sans vouloir diminuer la sympathie qu'excite à bon droit le sort de ces travailleurs de l'industrie agricole, qui courbés sur la terre du lever du soleil à son coucher, en font surgir par un labeur opiniâtre, — lequel du moins se fait au grand jour et dans des conditions hygiéniques parfaites, — les ressources indispensables de l'alimentation publique, j'ai pensé qu'il convenait aussi d'accorder une part d'intérêt aux travailleurs de l'industrie houillère ; j'ai pensé qu'il ne fallait pas laisser oublier ce qu'il en coûte à nos semblables pour nous procurer ce combustible minéral qu'on a si souvent et si justement appelé le *pain de l'industrie*.

III. L'industrie des combustibles minéraux

NOTES

1. Situation de l'Industrie houillère en 1857. Cette brochure est signée par M. Amédée Burat, secrétaire du comité.

2. Elles occupent ensemble 1,500 ouvriers. Pour indiquer l'importance actuelle de la production d'anthracite et aussi les progrès qu'elle a faits depuis l'origine, il suffit de considérer des périodes quinquennales et de prendre l'année moyenne. On obtient ainsi les chiffres suivants : 1817-1819, 11,669 quintaux métriques ; 1820-1824, 35,635 q. m. ; 1825-1829, 149,381 q. m. ; 1830-1834, 271,430 q. m. ; 1835-1839, 480,982 q. m. ; 1840-1844, 789,312 q. m. ; 1845-1849, 896,324 q. m. ; 1850-1854, 908,093 q. m., 1855-1856, 1,000,000 de q. m. On voit que, si le bassin du Maine a une importance locale très réelle, il mérite à peine d'être pris en considération vis-à-vis des bassins houillers que j'ai eu l'occasion de mentionner. La production totale de la France en anthracite proprement dit avait été, en 1852, de 2,000,000 de q. m., ce qui ne représentait guère que 1/25e de la production des combustibles minéraux autres que la tourbe.

3. De la Houille, par A. Burat, 1 vol. in-8°.

4. On le trouvera exposé tout au long dans le Bulletin de la Société géologique de France, qui s'est occupée maintes fois, et tout récemment encore, de cette question si intéressante au point de vue géologique.

5. Les chiffres suivants montrent l'allure progressive de ce bassin de lignites : il a donné en 1814 154,437 quintaux métriques, en 1820 265,981 q. m., en 1830 486,714 q. m., en 1840 571,182 q. m., en 1850 1,060,745 q. m. Les concessions sont au nombre de 29, mais 19 ne sont point exploitées. La production française totale en lignites était, en 1852, de 1,991,680 q. m. seulement.

6. On a vu précédemment les chiffres de la production française en anthracite et lignite pour 1852 ; réunis, ils ne donnent qu'un total de 4,000,000 q. m. contre 45,000,000 q. m. de houille proprement dite.

7. Telle est la cause d'un incendie qui a récemment éclaté dans une houillère de la Haute-Saône, dont deux ouvriers ont été victimes, et qui a entraîné la suspension des travaux d'un champ

d'exploitation.

8.   Voyez, dans la Revue du 15 mars 1855, les Charbonnages de la Belgique, par M. A. Esquiros.

9.   . Dans le British Quarterly Review, january 1, 1857.

10.   Voyez sur cette première tentative, dans la Revue du 15 octobre 1857, la Télégraphie électrique entre les deux mondes, par M. Laugel.

11.   Au commencement de l'année dernière, une explosion de grisou a tué d'un seul coup 170 ouvriers, c'est-à-dire, la moitié du personnel intérieur de la mine, et allumé un incendie dont la flamme, dépassant de plusieurs mètres l'orifice de la cheminée d'aérage, projetait au loin une funèbre lueur.

12.   Hubert Goffin et son fils vinrent à Paris, où ils furent l'objet d'une ovation universelle ; tous les théâtres donnèrent des pièces de circonstance, dont plusieurs représentations furent jouées au bénéfice des mineurs liégeois.

IV. Le commerce des combustibles minéraux

Une sorte de monographie du combustible minéral a rempli les premiers chapitres de cette étude. J'ai tenté d'y retracer à grands traits l'origine et la formation de ce puissant auxiliaire de l'industrie moderne, les accidents, — si curieux au point de vue géologique, mais si regrettables au point de vue industriel, — que peut offrir le terrain carbonifère, les recherches actives dont il est en ce moment l'objet sur plusieurs points de notre territoire, les méthodes d'exploration et d'exploitation de la propriété souterraine, les circonstances exceptionnelles dans lesquelles s'exerce la pénible profession du mineur houiller, tant sous le rapport de l'hygiène que sous le rapport de la sécurité, etc. Je n'aurais point atteint le but que je me suis proposé dans ce travail, si je ne faisais aussi connaître les conditions et les progrès du commerce auquel donne lieu la plus précieuse sans contredit des matières premières. Cette question complexe, qui touche à l'un des problèmes les plus vivement débattus de l'industrie moderne, demande même à être étudiée avec quelques développements. D'un intérêt permanent depuis un demi-siècle au moins, elle emprunte aujourd'hui une importance toute nouvelle à un véritable manifeste lancé, il y a un an, par le comité des houillères françaises sous ce titre : *Situation de l'Industrie houillère en 1857*. Des travaux très complets sur l'industrie des mines en général, et particulièrement sur l'exploitation des combustibles minéraux, désignaient d'avance l'auteur de ce mémoire comme une autorité compétente pour traiter un pareil sujet au point de vue commercial et industriel. Le manifeste du comité des houillères, malgré les documents utiles qu'il contient, pèche malheureusement par la base. On y sent trop le parti-pris de présenter tous les faits de façon à mettre en lumière la prétendue nécessité de protéger la houille indigène au moyen des droits de douane mis à l'importation des houilles étrangères. Non-seulement nos industriels combattent le principe de l'abolition totale des droits protecteurs, mais encore ils repoussent l'idée d'un abaissement quelconque de ces droits, allant, dans le cas contraire, jusqu'à prédire la ruine de la plupart de nos mines.

Avant de traiter cette question délicate, à propos de laquelle il est d'ailleurs inutile de mettre en présence une fois de plus les doctrines exclusives de la liberté illimitée du commerce et de la protection, il importe de montrer quel rôle jouent dans l'industrie des combustibles minéraux les diverses nations du monde civilisé, et notamment la Grande-Bretagne et la Belgique. Ces contrées en effet complètent, avec la Prusse rhénane, la consommation de la France, à laquelle ne pourrait faire face notre seule production indigène. On se trouve ainsi conduit à examiner le degré d'approximation dont est susceptible l'évaluation de la richesse houillère des différentes portions du globe et les réserves dont il convient d'accompagner ces calculs.

La fortune houillère d'une contrée doit nécessairement s'évaluer en multipliant la superficie des bassins carbonifères par l'épaisseur moyenne de l'ensemble des couches de combustible. Le seul énoncé de cette règle théorique, rapproché des notions que nous possédons actuellement sur l'allure des terrains houillers, montre assez *à priori* combien les résultats qu'elle permet d'obtenir doivent être approximatifs, en raison des variations que subissent, en quelque sorte à chaque instant, les facteurs du produit, à mesure que la géologie, la recherche des gîtes minéraux ou l'exploitation des mines fournissent des notions plus précises sur la manière d'être d'un bassin déterminé. On sait, par les seuls exemples qu'offre aujourd'hui la France, combien ces variations peuvent être brusques. En ce moment même, notre industrie houillère remporte dans le nord et dans l'est de véritables victoires, et d'autres régions de notre territoire, notamment le centre, voient également se poursuivre plus d'une exploration heureuse.

Quant à la surface du terrain houiller, on reconnaît sans cesse de nouveaux prolongements des bassins belge et prussien dans les départements voisins des frontières de la Belgique et de la Prusse rhénane. M. Jacquot, ingénieur des mines, dans de récentes *Études géologiques sur le pays messin*, qui font suite à ses *Études géologiques sur le bassin houiller de la Sarre*, fonde de grandes espérances de succès sur des recherches à opérer dans la Moselle, qui, en cas de réussite, n'ajouteraient pas moins de 200 kilomètres carrés de territoire houiller à celui qui est aujourd'hui reconnu dans ce département. Ce seul exemple suffit, il me semble, à faire apprécier l'incertitude considérable attachée au premier des deux éléments qui servent à calculer notre richesse en combustible minéral. Cette

IV. Le commerce des combustibles minéraux

incertitude se retrouve au même degré dans le second élément, l'épaisseur du terrain carbonifère. Le fait, récemment mis en lumière, du passage de tout le système des couches de Rive-de-Gier sous le système de Saint-Etienne, dans le bassin de la Loire, peut précisément donner une idée frappante de l'inexactitude originelle à laquelle il faut se résigner dans l'appréciation de la puissance d'un terrain houiller. Enfin je n'ai pas besoin de rappeler, comme une source indéterminée d'erreurs en sens contraire, l'influence que peut avoir sur les calculs hypothétiques de cet ordre la série d'accidents trop fréquents que présente une semblable formation géologique.

Ces réserves faites sur le degré de confiance qui doit être accordé aux indications métriques dans une étude de ce genre, voyons comment se décompose la superficie de 550,000 kilomètres carrés occupée en totalité par les terrains houillers des deux hémisphères, et représentant la deux cent trentième partie environ de la portion du globe qui n'est point occupée par les eaux. Les 10/11es de cette superficie houillère appartiennent à l'Amérique, et seulement à la partie nord de ce continent, car, ainsi que le remarque M. Amédée Burat, « un fait assez frappant dans la distribution des terrains houillers est leur accumulation dans l'hémisphère boréal. » L'Amérique du Sud ne contient pas un seul bassin carbonifère, et la gigantesque superficie houillère de l'Amérique du Nord est concentrée en quatre bassins seulement sous la main des hardis industriels des États-Unis, qui ne manqueront pas d'en faire l'une des bases de leur prospérité nationale : elle représente un quinzième du territoire de cette vaste confédération, mais ne correspond guère qu'à une extraction de 100 millions de quintaux métriques. Comparée à celle des nations européennes qui occupent les premiers rangs dans la production de la houille, cette extraction n'est inférieure qu'à l'extraction anglaise, qui sera bientôt sept fois plus considérable : elle est supérieure à l'extraction belge et par conséquent à la nôtre. En Angleterre, où 17,000 kilomètres carrés de terrain houiller, partagés en une vingtaine de bassins formant trois groupes, correspondent à une surface de 310,000 kilomètres carrés, la superficie houillère n'est plus qu'un dix-neuvième du territoire total, et la production est encore triple de celle de l'Europe continentale. La proportion est de 1/18e en Belgique, en admettant que sur les 33,000 kilomètres carrés occupés par ce petit royaume, si heureusement partagé à ce point de vue spécial, 1,800 représentent la surface de cette région houillère, au prolongement de laquelle nos départements du nord participent depuis plus d'un siècle, grâce au génie persévérant du vicomte Desandrouin. La Prusse viendrait immédiatement après la France, où le territoire houiller n'est que le 1/200e environ de la superficie du pays.

On se rappelle cette masse innombrable d'échantillons plus ou moins volumineux de houille exposés en 1855 dans l'annexe du Palais de l'Industrie. Il en était venu de tous les pays, excepté cependant des États-Unis de l'Amérique du Nord, dont je rappelais tout à l'heure la richesse extraordinaire. L'utilité de cette exhibition pouvait être contestable, puisqu'il est impossible qu'un échantillon isolé et considéré hors de son gisement puisse fournir à l'examen de sérieuses inductions. Il aurait fallu, pour qu'elle produisît des résultats positifs, que cette exhibition fût accompagnée de renseignements détaillés sur les conditions de production et de consommation propres aux localités qui avaient envoyé les fragments minéraux ; mais il n'en était point ainsi. Nous sommes donc réduit aux termes de comparaison que fournit le rapprochement des résultats antérieurement acquis et des données de la géographie statistique, et, parmi ces termes, nous nous bornerons à considérer la consommation et la production annuelles de houille par habitant en Angleterre, en Belgique et en France, où elles sont respectivement représentées, en nombres ronds de quintaux métriques, par les nombres 20, 12 et 3, 21, 18 et 2.Cet ordre ne reste plus le même lorsqu'il s'agit du commerce des combustibles minéraux ; mais, avant d'aborder cette question importante, il convient, par analogie avec ce qui a été fait précédemment pour la législation réglementaire, de retracer rapidement les phases successives que présente la législation douanière de la houille, et de faire connaître exactement le rôle que joue l'importation étrangère dans notre consommation nationale. Alors seulement on aura sous les yeux les pièces de ce procès, qui a pour parties adverses le consommateur et l'exploitant, et on pourra juger le différend en connaissance de cause.

IV. Le commerce des combustibles minéraux

I. — CONDITIONS LÉGALES DU COMMERCE D'IMPORTATION DE LA HOUILLE.

On a souvent remarqué les conditions naturelles dans lesquelles se trouve le territoire de la France au point de vue de l'emploi des combustibles minéraux, et on s'est demandé s'il ne serait pas souverainement logique de laisser sur chaque point les habitants profiter sans aucune entrave des avantages divers qu'offrirait la situation topographique. Au centre de la France sont des mines de houille d'une grande richesse ; au nord et à l'est, il en est de même depuis que des découvertes relativement récentes ont constaté la présence sous notre sol des prolongements des riches bassins de la Belgique et de la Prusse rhénane. Le reste de nos frontières de terre et de mer ne présente rien, ou présente fort peu de chose. Au nord, les bassins houillers de la Grande-Bretagne peuvent, grâce à la mer, approvisionner facilement tout le littoral de l'Océan ; au midi, les mines des Asturies, encore à peu près inexploitées, mais destinées à un grand avenir, doivent un jour ou l'autre fournir une partie de la consommation des départements limitrophes des Pyrénées. Du côté de la Savoie et de la Suisse, il n'y a de houille ni en-deçà ni au-delà des frontières. On voit dès lors que les domaines respectifs des houilles indigènes et étrangères sont en quelque sorte nettement tracés, et qu'il n'y aurait qu'à en laisser opérer le partage par une libre concurrence des intérêts privés. C'est pourtant, comme on va le voir, ce qui n'a jamais été fait jusqu'à ce jour ; c'est ce qui se fera vraisemblablement dans un avenir prochain.

Le régime douanier de la houille étrangère en France date, à proprement parler, du tarif célèbre du 18 septembre 1664, qui régla jusqu'à la révolution de 1789 les droits d'entrée et de sortie des marchandises de toute nature. Antérieurement à cette origine réelle du système protecteur, la moyenne des droits perçus sur le charbon de terre venant de l'étranger pouvait être de Il sols par baril de 250 livres, c'est-à-dire, en langage moderne, de 16 centimes par quintal métrique. On sait que Colbert avait pour principe commercial de fermer l'entrée du royaume à tous les produits manufacturés d'origine étrangère pouvant faire concurrence à nos produits similaires, et de favoriser autant que possible l'introduction des matières premières nécessaires à l'industrie nationale. Il avait eu également pour but, dans le tarif de 1664, de rendre uniforme la perception des droits de traite, dont l'embarrassante hétérogénéité avait déjà été avant lui l'objet d'attaques restées sans résultat, il est vrai, et de reporter toute cette perception aux frontières du royaume. Malheureusement cette tentative, bien digne du grand ministre de Louis XIV, était venue échouer devant l'inertie de certaines provinces, qui voulurent garder leurs tarifs spéciaux, et furent, pour cette raison, désignées sous le nom de *provinces réputées étrangères*, alors que les provinces qui acceptèrent le tarif général étaient dites *des cinq grosses fermes* ; enfin les provinces qui ne voulaient pas de tarif du tout, et que nous appellerions aujourd'hui *libres échangistes*, reçurent la dénomination de *provinces d'étranger effectif*. Ce rappel du singulier état économique de la France à partir de la seconde moitié du XVIIe siècle n'est point inutile pour l'intelligence complète du régime douanier auquel fut soumise la houille jusqu'à la loi du 5 novembre 1790, qui supprima les droits de traite, et les remplaça par un droit unique et uniforme.

En 1664, le droit sur le charbon de terre entrant dans les provinces des cinq grosses fermes fut fixé à 32 centimes par quintal métrique ; moins de trois ans après, un tarif supplémentaire le tripla, et il en fut ainsi jusqu'à l'arrêt du conseil du 3 juillet 1692, qui, relatif aux droits à payer sur diverses marchandises « à toutes les entrées du royaume, tant des cinq grosses fermes que des provinces réputées étrangères et pays conquis, cédés et réunis, » établissait un droit uniforme de 1 fr. 20 cent, par quintal métrique. Cet état de choses paraît avoir subsisté jusqu'en 1730, époque à laquelle, sans qu'on puisse justifier le fait par un acte souverain, et probablement d'après une simple assimilation à ce qui avait lieu pour les charbons d'origine britannique (dont le régime particulier mérite un examen spécial), le droit sur la houille étrangère fut réduit à 48 centimes. Cependant en 1761 ce droit fut augmenté de moitié ; le roi, se fondant sur ce que l'exploitation des houillères de la France était en progrès, déclara qu'il voulait donner à ceux de ses sujets qui s'occupaient de cette industrie des marques de sa bienveillance. Il leur permettait en conséquence d'entretenir à leurs frais, aux lieux d'entrée des charbons de terre venant de l'étranger, des préposés chargés de veiller à l'exacte perception de l'impôt protecteur. Ce

IV. Le commerce des combustibles minéraux

droit de 72 centimes par quintal métrique resta en vigueur jusqu'à la révolution [1].

Il nous faut maintenant revenir sur nos pas pour éclairer la question générale du régime douanier des houilles étrangères et les particularités qu'a présentées ce régime, suivant qu'il s'agissait des produits des mines de la Belgique ou de celles de l'Angleterre : ces particularités nous donneront peut-être la clé de quelques dispositions du tarif moderne, et nous fourniront des rapprochements propres à montrer que le caractère de la lutte entre les exploitants et les consommateurs au sujet de l'introduction du charbon étranger n'a pas beaucoup varié depuis plus de cent cinquante ans.

Les changements continuels de domination qu'eurent à subir les provinces des Pays-Bas à l'époque où nous place la première tarification de l'importation houillère compliquaient beaucoup la situation. Il était impossible de modifier au gré des hasards de la guerre les relations, industrielles de territoires que la fortune des armes réunissait et séparait tour à tour. De là une position toute particulière faite à nos provinces du Hainaut, de la Flandre et de l'Artois. Cette distinction apparaît pour la première fois dans un tarif de 1669, relatif aux « marchandises, denrées et manufactures passant des pays restés au roi catholique en ceux qui ont été cédés à sa majesté, » document connu seulement par la mention succincte qu'en fait un tarif semblable de 1671, et dont le texte semble avoir été perdu. Les lettres-patentes portant exécution de ce second tarif montrent Louis XIV « voulant favorablement traiter les nouveaux sujets que lui ont donnés les traités des Pyrénées et d'Aix-la-Chapelle, » et modérant beaucoup, en ce qui les concerne, les droits d'entrée et de sortie ; aucune taxe n'était mise à l'importation houillère. De cette manière, à cette partie de la frontière de Champagne qui appartient aujourd'hui au département des Ardennes, on payait 96 centimes par quintal métrique de charbon, tandis que, de chaque côté, cette marchandise entrait librement, soit par la frontière du nord, ainsi que je viens de le dire, soit par la frontière de l'est, puisque celle-ci était formée par la Lorraine et l'Alsace, provinces *d'étranger effectif*. Cette inégalité, que nous retrouverons de nos jours dans un ordre inverse, fut bientôt atténuée par la remise en vigueur du tarif de 1664 ; mais ce régime modéré ne dura que seize ans, puisqu'à la fin de 1688 les droits furent rétablis conformément au tarif de 1667.

Au moment où fut promulgué l'arrêt du conseil de 1692, qui régularisa la nouvelle situation, les mesures adoptées n'étaient pas applicables à cette partie du Hainaut où se trouvent les houillères de Mons, et qui, aux termes du traité de Riswick, allait être rendue par la France à l'Espagne. Les réclamations pressantes des habitants, qui auraient vu chez eux le prix du quintal métrique de houille augmenter subitement de 1 fr. 20 c, empêchèrent qu'après le partage de cette riche province le droit du tarif fût intégralement perçu sur les charbons venant de la partie espagnole du Hainaut dans la partie française et dans la Flandre française ; il fut progressivement réduit à 17 centimes. Lors de la promulgation d'un arrêt du conseil du 5 février 1761, qui avait établi sur l'importation par terre le dernier tarif de douane immédiatement antérieur à la révolution française, ce droit fut, sur des représentations venues de Bruxelles, explicitement confirmé par une décision spéciale. Cet état de choses dura en conséquence jusqu'en 1790.

Le tarif fondamental de 1692 subit également pour la houille de même origine une modification importante dans deux des provinces des cinq grosses fermes. Les maîtres de forges de la Picardie et de la Champagne se plaignirent que le droit de 1 fr. 20 c. leur fût onéreux sans avantage aucun pour les houillères françaises. La requête qu'ils adressèrent au conseil provoqua un arrêt du 19 juin 1703, qui stipula que le droit serait seulement de 35 centimes par quintal métrique ; cette modération cessa en 1730, lorsqu'on vint à percevoir un droit uniforme de 48 centimes sur tous les charbons étrangers autres que ceux du Hainaut espagnol.

On voit, dans un arrêt du conseil de 1668, que le droit de 96 centimes par quintal métrique devait être perçu sur la houille arrivant par mer ; dès lors nous connaissons la première des phases si nombreuses par lesquelles a passé le régime douanier de la houille anglaise. Cependant celle-ci n'est expressément désignée que dans un arrêt de 1701, relatif aux rapports commerciaux entre la France et la Grande-Bretagne, où se trouve tracé un curieux tableau des entraves de toute nature que les futurs promoteurs du libre-échange mettaient et mirent au négoce, jusqu'à la conclusion du traité célèbre de 1786, par leurs règlements vexatoires et leurs

IV. Le commerce des combustibles minéraux

droits excessifs. Nous ne pouvions porter en Angleterre que des marchandises d'origine française, et, tandis qu'une partie de nos produits était entièrement prohibée, une autre partie était frappée de taxes telles que l'accueil équivalait presque à une exclusion ; nous devions en outre nous servir de courtiers anglais dans les transactions, et cela tandis que les marchands de la Grande-Bretagne jouissaient de la plus entière liberté et des facilités les plus complètes pour acheter et vendre, partout où bon leur semblait, les produits d'une provenance quelconque. Louis XIV voulut, comme de raison, user de représailles, ou, plus exactement, faire à ses sujets des conditions équitables : il prohiba l'introduction de certaines marchandises d'origine britannique, et en frappa d'autres de droits d'entrée. Parmi ces dernières se trouvait la houille, qui fut précisément soumise au tarif de 1692. Néanmoins, comme notre industrie minérale était, dès le commencement du XVIIIe siècle, au-dessous des besoins de la consommation, on reconnut qu'il fallait modérer ce droit ; seulement il fut décidé au bureau du commerce que la mesure ne serait prise que pour un an. En 1714, un arrêt du conseil ordonna la remise en vigueur du tarif de 1664 pour les charbons anglais ; mais chaque année, de 1715 à 1730, un arrêt était rendu, grâce auquel, durant cette période, la houille anglaise ne paya que 32 centimes par quintal métrique. En 1730, on le sait, ce droit fut porté à 48 c. malgré les représentations de la ville de Bordeaux, qui invoquait les besoins du commerce des îles et de la navigation. Sur ces entrefaites, les houillères s'étant multipliées en France, les exploitants demandèrent le rétablissement du droit de 1 fr. 20 c, ce qui fut fait en 1741 pour les ports de la Picardie et de la Flandre, puis pour ceux de la Normandie. C'est à cette date qu'apparaît véritablement pour la première fois ce système des zones qui jouera un si grand rôle dans la législation douanière des combustibles minéraux ; c'est également vers la même époque que nos houillères commencent à faire des progrès réels, attestés par le règlement technique et administratif de 1744 [2]. En 1761, par un acte important dont j'ai déjà parlé, le roi, informé de l'augmentation des produits des houillères françaises, joignit la Bretagne à la Picardie, à la Flandre et à la Normandie. Je ne mentionnerais pas enfin, s'il n'avait été l'occasion d'un nouvel établissement de zones, un dernier arrêt du conseil de 1763, dont le but ne fut pas de changer la valeur absolue du droit d'entrée de la houille étrangère par nos frontières maritimes (lequel resta de 1 fr. 20 cent, par quintal métrique jusqu'à la révolution), mais de mettre un terme à des difficultés qui se traduisaient finalement par des fraudes, en substituant la perception au tonneau (2,000 livres) à la perception au baril (250 livres), qui avait toujours été en vigueur jusque-là. Les généralités de Bordeaux et de La Rochelle, sur les réclamations des chambres de commerce de ces deux villes, qui profitèrent de la circonstance pour obtenir une modération du droit général d'importation maritime, furent autorisées en 1764 à n'acquitter qu'un droit de 90 centimes seulement par quintal métrique de houille étrangère.

Tel était le régime douanier de la houille en 1790, au moment où l'assemblée nationale, puisant dans son origine la force de vaincre les obstacles qu'auraient tenté de lui opposer celles des provinces où les idées fausses en matière commerciale conservaient encore leur empire, réalisa victorieusement les intentions qu'un ministre du grand roi n'avait pu faire réussir. Cet état de choses dura jusqu'au 15 avril 1791, où fut mis en vigueur le tarif général des droits à percevoir aux entrées et aux sorties du royaume qu'avait annoncé la loi de 1790. Le droit d'importation de la houille étrangère par la frontière de terre fut fixé à 16 centimes par quintal métrique. Quant à la frontière maritime, elle fut partagée en zones : l'une s'étendant de Bordeaux aux Sables d'Olonne (point que nous verrons figurer dans les tarifs les plus récents), et l'autre comprise sur le littoral de la Manche entre Rhedon et l'embouchure de la Somme. Ces zones n'offraient qu'un droit de 0 fr. 545 par quintal métrique, tandis que pour tous les autres ports du royaume il était de 91 centimes. En mai 1793, un décret de la convention, modifiant ou supprimant les droits d'entrée relatifs à quelques marchandises, réduisit de moitié ceux qui étaient perçus sur les charbons de terre. Jusqu'à l'an X, on ne trouve aucune modification notable à signaler dans l'assiette des droits d'importation des combustibles minéraux ; mais en 1802 un arrêté consulaire porta à 1 fr. 36 centimes ou 91 centimes le droit perçu sur le quintal métrique de houille, suivant que le port où se faisait l'introduction était compris entre la ville d'Anvers et l'embouchure de la Somme, ou situé de Rhedon aux Sables d'Olonne ; sur tous les autres points du littoral, en exceptant les ports de la Méditerranée, où se percevait le second de ces droits,

IV. Le commerce des combustibles minéraux

la taxe fut réduite à 0 fr. 727. Nous arrivons ainsi jusqu'à la fin de l'empire.

Dès le lendemain du traité du 30 mai 1814, on voit reparaître l'éternelle question des houilles étrangères et la haine du charbon anglais, contre lequel une croisade est bientôt dirigée par nos concessionnaires de mines. Les exploitants du bassin de Rive-de-Gier vont même se jeter aux pieds de Louis XVIII pour invoquer « sa sollicitude paternelle, » demandant, les uns la prohibition absolue des houilles étrangères, particulièrement des houilles anglaises, les autres une augmentation des droits d'importation. Ils exposent que « le débit de leurs produits, faute d'une consommation générale suffisante, n'a presque jamais été complètement en rapport avec leurs dépenses, que la concurrence leur a constamment nui, que si les arrivages étrangers continuent à être admis sur les principaux marchés, cette intervention achèvera de rendre leur exploitation tout à fait désastreuse, quelque accroissement que puisse d'ailleurs recevoir la consommation. » On reconnaît dans cette citation, empruntée au rapport officiel fait le 19 octobre 1814 par M. L. Cordier, inspecteur divisionnaire des mines, l'allure prudente de nos exploitants, qui se servent du passé comme d'un moyen d'intéresser à leur cause, mais avertissent d'ailleurs que l'avenir sera toujours sombre, quel que soit le progrès de l'emploi de la houille. Ce langage sera invariablement le même durant quarante ans, sans que ceux qui le tiennent songent, en apparence du moins, à l'argument que fournit contre eux l'accroissement continuel de la production indigène, qui, s'il est dû en partie à l'amélioration de nos voies de communication, n'est pas ralenti d'une manière inquiétante par la diminution également incessante des droits mis à l'importation des houilles étrangères.

La première disposition du régime moderne se rencontre dans la loi de finances de 1816, qui, maintenant le régime des zones, frappa d'un droit de 1 fr. par quintal métrique la houille importée par mer [3], de 60 centimes celle importée par la portion de la frontière belge comprise entre la mer et le bureau de douane de Baisieux, et de 30 centimes seulement celle entrant par le reste de la frontière de terre. Ce droit uniforme pour notre frontière maritime ne resta pas toujours tel, et fut même très souvent remanié. En 1835, le littoral fut fractionné en deux zones : l'une s'étendant depuis

Dunkerque jusqu'aux Sables d'Olonne, pour laquelle le droit de 1 franc fut maintenu, et l'autre comprenant le reste de nos côtes de l'Océan et celles de la Méditerranée, où ce droit fut modéré à 30 centimes seulement. Ceci se passait au commencement d'octobre ; à la fin de décembre de la même année, une troisième zone était établie par le partage de la première en deux parties, qui avaient pour commune limite le port de Saint-Malo ; entre les Sables d'Olonne et Saint-Malo, on fixa le droit d'entrée à 60 centimes. Ces diverses modifications furent régularisées en juillet 1836 par une loi dont la date est, à proprement parler, celle de l'entrée en France des houilles anglaises ; mais telle était l'activité des attaques auxquelles se livraient les représentants des intérêts généraux de l'industrie, qu'au bout de dix-huit mois à peine, une ordonnance royale, supprimant la zone introduite en dernier lieu des Sables d'Olonne à Saint-Malo, ne frappa plus que d'un droit de 50 centimes les houilles arrivant par mer entre Dunkerque et les Sables d'Olonne. Cet état de choses, maintenu par une loi en 1841, a subsisté jusqu'au décret impérial du 22 novembre 1853, qui a diminué encore les droits afférents à chacune des deux zones du littoral dont le point de partage est aux Sables d'Olonne, et les a fixés à 30 et 15 centimes seulement.

Si maintenant nous considérons uniquement la frontière de terre, nous ne trouvons pas de modification générale du droit d'importation de la houille étrangère avant l'ordonnance royale du 28 décembre 1835, aux termes de laquelle les 60 centimes qui se percevaient par quintal métrique sur la frontière belge, depuis la mer jusqu'à Baisieux, ne devaient plus se percevoir que jusqu'à Halluin, bureau de douane situé un peu plus au nord ; entre ces deux points, le droit était de 30 centimes seulement, comme sur le reste de notre frontière de terre. L'ordonnance du 25 novembre 1837 maintint cette division en deux zones, mais en réduisant les droits que je viens d'indiquer à 50 et 15 centimes. En 1852, la zone comprise entre Halluin et Longwy fut l'objet d'une élévation de taxe qui ne se maintint que quelques mois ; la réduction décrétée à la fin de 1853 n'a d'ailleurs porté que sur le droit relatif à la zone s'étendant de la mer jusqu'à Halluin, lequel n'est plus aujourd'hui que de 30 centimes par quintal métrique. — Enfin il est une distinction faite de tout temps en faveur de la frontière qui borne

IV. Le commerce des combustibles minéraux

les départements des Ardennes, de la Meuse et de la Moselle. On se souvient qu'en qualité de province d'étranger effectif, la Lorraine ne supportait aucuns droits de traite ; les deux derniers départements ont donc hérité de cette disposition. Quant à celui des Ardennes, il participait purement et simplement au régime variable qui a marqué la fin du XVIIe siècle et la plus grande partie du XVIIIe ; le tarif du 15 mars 1791, qui abaissait à 10 centimes seulement le droit d'entrée de la houille par nos frontières de terre, a affranchi de toute taxe le charbon étranger introduit par les départements de la Meurthe, de la Moselle et des Ardennes, englobant ce dernier, par une assimilation dont on ignore la cause, dans l'exception faite en faveur des deux autres. Telle est l'origine de la disposition spéciale qui s'applique aujourd'hui encore à une portion de notre frontière de l'est ; elle avait été reproduite dans la loi de 1816 avec une petite élévation de droit qui fut retirée en 1818 pour la Meuse et en 1820 pour la Moselle, et depuis cette époque elle n'a plus été modifiée. L'exception relative aux Ardennes, n'ayant jamais été l'objet d'un changement, place maintenant ce département sur le même pied que la plus grande partie de la frontière de terre, où se perçoit précisément depuis le décret du 22 novembre 1853 un droit de 15 centimes.

On peut certainement affirmer que la législation douanière des combustibles minéraux est une des pièces les plus compliquées de notre édifice fiscal ; cette complication même porte la trace des discussions acharnées qui ont eu lieu de tout temps entre les producteurs et les consommateurs. Néanmoins on ne peut se dissimuler que la lutte a toujours été à l'avantage de ces derniers, car en somme ces nombreux remaniements, dont la multiplicité soulève à tort les réclamations des exploitons des houillères, puisqu'elle les amène graduellement et par des transitions ménagées au régime de liberté absolue vers lequel nous marchons évidemment, se sont toujours traduits en diminution des droits d'importation. Bien que, de 1816 à 1834, il n'y ait point eu d'acte général du gouvernement au sujet du régime douanier de la houille, il ne faudrait pas croire que la question ait été perdue de vue pendant toute cette période. Dès 1828, M. de Martignac, alors ministre de l'intérieur, avait ordonné une enquête sur les houilles et les fers ; mais elle n'avait eu d'autre résultat que d'inquiéter inutilement l'industrie minérale, qui s'alarmait depuis assez longtemps d'investigations dont elle redoutait l'issue. Moins de cinq ans après, par un arrêté du ministre de l'intérieur (M. d'Argout), une nouvelle commission d'enquête était créée « pour éclaircir tous les points qui peuvent faire résoudre la question de savoir si l'on doit supprimer ou réduire le droit d'importation sur les houilles étrangères. » La commission de 1832, comme le montre M. Grar avec cette loyale érudition qui place sous les yeux du lecteur les textes mêmes des documents mis en œuvre, avait commis plusieurs erreurs géographiques et statistiques. Ces erreurs ont par suite égaré l'administration des mines, qui avait cru pouvoir puiser dans le rapport de la commission les éléments d'un historique de la législation douanière qu'elle publia en 1838. J'ai tenté à mon tour de me servir des documents réunis avec tant de soin par M. Grar dans sa remarquable histoire de l'industrie houillère du nord de la France, et aussi d'un curieux recueil, manuscrit pour la plus grande partie, qui appartient à la bibliothèque du ministère de l'intérieur [4]. On possède ainsi à peu près tous les matériaux nécessaires à l'étude des régimes successivement adoptés pour résoudre le grave problème économique qui doit concilier les intérêts des producteurs et des consommateurs de houille.

L'enquête de 1832 ne s'est pas terminée sans résultat pratique, comme celle de 1828 ; elle a eu des conséquences directes et indirectes de la plus haute importance. Il fut reconnu que les prix d'extraction de la houille étaient, à quelques centimes près, semblables en Angleterre, en Belgique et en France, et le gouvernement n'hésita plus à tenter une réforme partielle par une série d'actes auxquels la consécration législative fut donnée par la loi du 2 juillet 1836. C'est à cette même enquête de 1832 qu'il faut attribuer la faveur accordée, depuis 1834, aux bâtiments à vapeur de notre marine, militaire ou civile, qui peuvent se servir des houilles étrangères sous la seule condition de payer un droit de balance de 15 centimes, pourvu qu'ils ne remontent pas les fleuves au-delà du dernier bureau de douane. Dix ans après, l'agitation houillère s'était renouvelée. Dans sa session de 1846, le conseil du commerce émettait le vœu formel de l'admission en franchise, par toutes les frontières, des combustibles minéraux venant de l'étranger, et subsidiairement réclamait avec instance la

IV. Le commerce des combustibles minéraux

suppression des zones, qui, selon lui, n'aboutissaient qu'à créer de choquantes inégalités, notamment sur les divers points du littoral. À la suite de ce mouvement, qui a été étudié ici même par M. Charles Coquelin [5], et qui n'avait pas seulement trait à la houille, un projet de loi sur les douanes avait été présenté à la chambre des députés ; il était devenu l'objet d'un long rapport de M. Lasnier, qui avait représenté notre industrie minérale comme incapable de lutter contre l'invasion des produits de l'Angleterre et de la Belgique. La révolution de février avait naturellement empêché qu'il fût donné aucune suite à ce projet, et jusqu'en 1852 l'état de l'industrie rendait inutile toute querelle douanière ; mais lorsque l'année suivante nos manufactures prirent cet élan extraordinaire où l'augmentation forcée du prix de la houille n'a pas eu pour cause, il faut en convenir, l'insuffisance de la production indigène, les plaintes recommencèrent contre l'impossibilité où se trouve notre industrie houillère de se mettre, malgré tous ses efforts, au niveau des besoins de la consommation. Le gouvernement, prenant en considération la multiplicité de ces plaintes, la disette gênante d'une matière première aussi nécessaire que la houille, et la tendance des prix à une élévation excessive, décréta en 1853 le régime douanier auquel est actuellement soumise l'industrie houillère. Il n'apparaît pas d'ailleurs que l'influence de cette mesure ait été favorable à l'abaissement du prix de vente des combustibles minéraux. Il serait évidemment intéressant de connaître la relation qui peut exister entre ce prix et les modifications successives des tarifs de douane ; mais on conçoit que ce résultat ne pourrait être obtenu que par des études exclusivement locales : il ne se dégage pas suffisamment des données que fournit la statistique nécessairement générale de l'administration des mines, c'est-à-dire de la comparaison de la quantité totale de combustibles minéraux consommés dans une année avec la valeur totale en francs de cette quantité [6] ; il faudrait en quelque sorte étudier dans chaque centre de consommation la série des phases subies par le prix de la houille aux diverses époques, et cet examen ne peut rentrer dans notre plan.

Il ne me reste plus, pour terminer ce que j'ai à dire de la législation douanière de la houille, qu'à mentionner le coke ou houille carbonisée comme payant le double des droits d'importation de la houille non carbonisée. Cette distinction, établie en 1838, fut fondée sur la nature manufacturée du produit et sur ce que, dans les évaluations officielles, le quintal métrique est regardé comme équivalent à deux quintaux métriques de houille, ce qui n'est point exact en général. On sait d'ailleurs que le coke a des usages spéciaux, et que cette proportion ne peut avoir qu'un sens fiscal ; depuis le décret de 1853, la houille carbonisée n'acquitte plus que la moitié en sus des droits acquittés par la houille crue.

II. — IMPORTATION DE LA HOUILLE ÉTRANGÈRE EN FRANCE.

Le rôle des combustibles minéraux dans l'industrie d'un pays étant maintenant tout à fait comparable au rôle des céréales dans l'alimentation de l'homme, il doit exister une certaine analogie entre les législations douanières de deux matières premières d'une aussi haute importance ; un jour même les verra peut-être réunies dans une complète identité, fondée sur la liberté absolue. On connaît le régime de l'échelle mobile, dont le mécanisme ingénieux, mais trop théorique, règle actuellement le commerce des céréales entre la France et l'étranger : on produit ou du moins on veut ainsi produire à volonté, suivant le degré d'abondance de nos récoltes, une certaine constance dans l'état de nos marchés, au moyen de l'importation des céréales étrangères et de l'exportation des céréales indigènes, en faisant varier, selon les circonstances, les droits de douane qui déterminent ce double mouvement. Il ne pouvait être question, pour les combustibles minéraux, d'un mécanisme économique fondé sur un principe du même ordre ; néanmoins, comme on l'a vu, le régime douanier a été conçu dans un esprit favorable au producteur. On s'est efforcé de le protéger à l'aide d'une sorte d'échelle mobile, dont les degrés sont les facilités présumées d'arrivage des charbons étrangers sur les divers points de notre territoire. Bien que les zones aient été destinées, du moins on l'a toujours dit, à amener au plus bas prix possible ces charbons dans les régions qui ne peuvent s'en procurer de français, ce résultat n'a jamais été atteint. Par exemple, les habitants du littoral de l'Océan, qui est à peu près dépourvu de gîtes de combustible, ne peuvent souvent recevoir que de la houille anglaise, par suite du

IV. Le commerce des combustibles minéraux

prix élevé auquel reviendrait la houille française en raison des frais de transport ; il est donc permis de dire que la taxe douanière est pour ces habitants une charge gratuite, et on comprend pourquoi ils n'ont jamais cessé de se plaindre.

Avant de montrer comment, nonobstant ce régime d'entraves, l'importation étrangère s'est progressivement accrue au point de fournir près des deux tiers de la consommation indigène, il convient de déblayer le terrain de ce qui concerne notre exportation, dont la valeur maximum n'atteint qu'un million de quintaux métriques [7]. Si on met à part les quantités de houille exportées en Algérie et en Belgique (par suite d'un petit mouvement de frontières) et les réexportations de charbons anglais, on voit qu'il n'y a d'exportation réelle que pour la Suisse, qui reçoit annuellement du bassin de la Loire 200,000 quintaux métriques de houille, pour la Sardaigne, qui en reçoit environ 100,000 de ce bassin et de celui des Bouches-du-Rhône, et pour quelques pays limitrophes. Notre exportation ne mérite évidemment pas qu'on s'y arrête plus longtemps.

Dans le rapport du ministre des travaux publics à l'empereur, qui précède le dernier résumé des travaux statistiques de l'administration des mines, on peut voir une carte intéressante dont on ne saurait trop louer l'ingénieuse et utile disposition, et qui représente à la fois, pour l'année 1850, la production et la consommation des divers départements en combustible minéral. Sur chacun de nos bassins, un carré, dont la surface est proportionnelle à la production, figure cette première donnée fondamentale. Pour chaque département, un cercle, dont l'aire est proportionnelle à la consommation, représente ce second élément de la question des houilles. En outre, des secteurs, dont l'ouverture angulaire est en rapport avec la quantité, de combustible importé, en font connaître la provenance indigène ou étrangère. L'usage des signes conventionnels est même, sur cette carte spéciale, poussé si loin qu'on y voit la proportion suivant laquelle chaque bassin français concourt à la consommation d'un département quelconque. Enfin les voies de circulation de la houille sont figurées sur cette carte, qui résume ainsi dans un langage parlant aux yeux, tous les éléments essentiels de l'industrie et du commerce des combustibles minéraux. On sait que M. Charles Dupin a naguère figuré sur une carte de France, au moyen de teintes plus ou moins foncées, le degré de civilisation dans chacun de nos départements. Si l'on compare ces deux cartes, on est frappé, comme le remarque justement le comité des houillères, de la grande analogie des résultats qu'elles fournissent. Cette conclusion était du reste facile à prévoir, la consommation de la houille donnant en quelque sorte la mesure de la production manufacturière et agricole, et aussi de la population dans une région déterminée. On ne sera donc point étonné de voir paraître au premier rang dans les deux cartes le département du Nord, qui consomme à lui seul près du cinquième de la houille brûlée en France ; les départements de la Loire et de la Seine, qui en consomment chacun plus du dixième ; ceux du Pas-de-Calais, du Rhône, de Saône-et-Loire, du Gard. Il n'est point non plus surprenant de trouver parmi les moindres consommateurs les départements du Gers, des Hautes-Pyrénées et de la Corrèze, dont les deux premiers ne figuraient même pas, avant 1848, sur le tableau du commerce des combustibles minéraux.

Un simple coup d'œil jeté sur la carte de l'administration des mines montre l'étendue des régions desservies en partie par les houilles de provenance étrangère. On y voit les produits du bassin de Sarrebruck pénétrer dans sept départements, en tête desquels sont ceux de la Moselle, de la Meurthe, du Bas-Rhin et des Vosges, et ne pas dépasser une ligne qui relierait les villes de Colmar, Épinal, Chaumont, Saint-Dizier, Bar-le-Duc et Verdun. On y reconnaît de même le domaine attribué aux houillères de la Belgique, qui comprend seize départements, et que délimite une ligne passant par Rouen, Paris, Troyes et Châlons-sur-Marne. Ces houillères fournissent au département du Nord les deux tiers de son approvisionnement, le troisième tiers étant nécessairement produit par les exploitations locales. Les charbons anglais entrent pour un quart dans l'approvisionnement du Pas-de-Calais, pour un tiers dans celui de la ville de Rouen. Tandis que les importations de la Belgique et de la Prusse rhénane ont lieu naturellement sur les points voisins des frontières jusqu'à ce qu'elles soient combattues avec avantage par les produits des mines françaises, les importations de l'Angleterre n'embrassent pas moins de trente-huit de nos départements ; elles arrivent jusqu'à Montpellier, Marseille, Draguignan, Ajaccio, en contournant la Péninsule, et pénètrent jusqu'à Toulouse, Agen, Limoges, Poitiers,

IV. Le commerce des combustibles minéraux

Tours, Le Mans, Alençon, Rouen, Amiens, Arras et Lille, où elles viennent lutter avec les importations de la Belgique. L'Angleterre fournit peu de charbon au département de la Seine, qui est surtout approvisionné par la Belgique et par les mines nationales. Les chiffres les plus récents de la consommation parisienne en attribuent plus des quatre cinquièmes aux houillères belges, un sixième environ aux mines du nord de la France, et le reste à celles du centre et à celles de l'Angleterre. On n'a peut-être point oublié la perte, arrivée, au commencement d'octobre 1857, sur les côtes de Fécamp, du steamer anglais *the Emperor*. Il était le premier essai d'une compagnie qui se proposait de créer un service spécial pour le transport des charbons entre Paris et Rouen et le bassin houiller de Newcastle, au moyen de longs bateaux à vapeur d'un faible tirant d'eau, du port de 1,200 tonneaux, et munis de petites machines destinées à opérer rapidement le déchargement du navire. Le steamer *the Emperor* devait stationner à Rouen jusqu'à ce que la crue des eaux de la Haute-Seine lui permît d'arriver à Paris. Si le succès n'a pas tout d'abord couronné cette première tentative, elle ne constitue pas moins un fait digne de préoccuper nos compagnies de chemins de fer.

Dans le rapport que je mentionnais tout à l'heure, le ministre des travaux publics s'exprime ainsi à propos de la production, de l'importation et de l'exportation des combustibles minéraux : « Ces chiffres, pris dans leur ensemble, font clairement ressortir l'infériorité chaque jour croissante de l'industrie indigène vis-à-vis des bassins étrangers. » On vient de voir quels sont les points de notre territoire où pénètrent les houilles étrangères ; examinons dans quelle proportion elles concourent à la consommation française.

Il a été remarqué déjà que la presque totalité de la houille produite par le bassin de Sarrebruck [8] était consommée en Lorraine et en Alsace et aussi par la compagnie des chemins de fer de l'Est, qui n'a pas seulement provoqué comme consommateur l'accroissement des importations de la Prusse et de la Bavière rhénanes ; par l'ouverture de l'embranchement de Frouard à Forbach, en 1851, et par l'application de tarifs différentiels, elle a considérablement -activé ces importations. Ce fait d'un bassin étranger qui approvisionne exclusivement nos départements limitrophes doit être rapproché de cette fièvre de recherches dont la Moselle est en ce moment le théâtre. On y trouvera une preuve bien manifeste du progrès que l'industrie houillère est capable de faire sans être surexcitée par l'espoir d'une protection systématique, et du caractère tout artificiel des plaintes que fait entendre le comité des houillères françaises, lorsqu'il prétend que le relâchement de notre législation douanière aura pour conséquence de s'opposer au développement de nos exploitations de combustibles minéraux.

On peut encore opposer aux partisans des restrictions douanières l'essor pris par les mines du nord de la France, placées exactement vis-à-vis du bassin belge dans la situation qu'occupent vis-à-vis du bassin de Sarrebruck nos exploitations naissantes de l'est. Cependant la France absorbe à elle seule la presque totalité de l'exportation houillère de la Belgique : sur une production de 85 millions de quintaux métriques, elle en consomme environ 32 millions, c'est-à-dire plus du tiers [9]. Tout exposé qu'il est à la concurrence étrangère, le bassin du nord s'est pourtant développé au point, je le répète, de doubler son extraction durant ces cinq dernières années, et il a tenu partiellement en échec l'importation belge. Il n'est pas douteux que les nouvelles exploitations de la Moselle ne soient destinées à donner un spectacle semblable. À coup sûr, les sociétés d'explorateurs que le comité des houillères a soin de signaler comme une preuve incontestable des efforts de l'industrie minérale, et dont il cite les succès sur plusieurs points du territoire pour montrer l'augmentation incessante de notre domaine souterrain, ces sociétés si nombreuses ne pensent point, comme le comité, que les charbons étrangers se présentent sur nos marchés du nord et de l'est dans des conditions telles que les charbons français ne puissent soutenir la concurrence, car je ne suppose pas que Je mouvement remarquable d'explorations dont j'ai tenté de donner une idée se poursuive dans un intérêt purement géologique.

La France se trouve encore au remier rang des contrées qui reçoivent de la houille anglaise. Sur les 62,182,820 q. m. de combustibles minéraux que la Grande-Bretagne a exportés en 1856, nous en recevons plus du sixième, ou exactement 11,817,580 quint, met. Ce nombre comprend le charbon destiné à notre marine à vapeur, qui, on le sait, ne paie qu'un simple droit de

IV. Le commerce des combustibles minéraux

balance, et qui figure pour 3 millions de quintaux métriques environ dans ce chiffre d'importation. L'augmentation en 1857 a été fort considérable, puisque, abstraction faite de la quantité spécialement absorbée par nos bâtiments à vapeur, qu'elle approvisionne presque exclusivement, l'importation anglaise s'est élevée, d'après le tableau comparatif du commerce étranger des principales marchandises qu'a récemment publié *le Moniteur*, à 11,543,905 quintaux métriques [10]. Ce mouvement est du reste particulier à l'Angleterre car le même document nous montre que les importations allemande et belge ne se sont accrues que de quelques centaines de quintaux métriques, et que l'importation belge de 1857 est encore inférieure à celle de 1855.

L'importation en France des houilles anglaises daterait de loin, suivant M. Amédée Burat, qui raconte que déjà en 1325 des navires français allaient à Newcastle échanger du blé contre du charbon, qu'en 1546 Henri VIII écrivait au maire de cette ville d'expédier 3,000 tonnes de combustible à Boulogne, qu'en 1770 trois cent soixante-cinq bâtiments étaient employés à cette importation. On a vu d'ailleurs, lorsque j'ai résumé les phases diverses qu'a subies le régime douanier de la houille étrangère avant la révolution, le rôle important que semblait jouer la Grande-Bretagne dans notre consommation de combustible minéral. « C'était de l'Angleterre surtout que nous recevions ce combustible, » lit-on dans le premier numéro du *Journal* des Mines (septembre 1795), et le mémoire ajoute, suivant le langage du temps, qui ne serait peut-être pas désavoué en ce moment par le comité des houillères françaises : « Nous comptions sur cette ressource funeste, comme si elle eût pu toujours durer. » Il est impossible de se procurer, avant 1787, des chiffres propres à faire apprécier la valeur réelle de l'importation anglaise en houille : pour cette année, elle est de 1,573,784 quintaux métriques, et constitue ainsi les trois quarts de l'importation totale, soit un peu moins du tiers de la consommation française. En 1789, ce chiffre est de 1,800,000. Après avoir diminué peu à peu jusqu'à devenir nulle pendant toute la période qui correspond au blocus continental, établi depuis la fin de 1806 jusqu'à la chute de l'empire, l'importation des houilles anglaises en France reparaît à peine durant les vingt ans qui précèdent la promulgation de la loi de 1836. Bien que l'ordonnance de 1837 eût aussi diminué de moitié les droits d'entrée sur les houilles belges ? elle avait eu nécessairement une influence plus grande sur l'importation du royaume-uni, attendu que la taxe perçue sur la frontière maritime était plus que triple de celle perçue sur la frontière de terre, dans la partie où s'opérait principalement l'entrée des houilles de Belgique. En somme, quoique depuis cette époque l'importation belge ait toujours été beaucoup plus considérable que l'importation anglaise, la première a seulement triplé, tandis que la seconde a sextuplé.

La Grande-Bretagne a toujours été et elle est encore maintenant le point de mire des partisans des restrictions commerciales. Les houillères du nord de la France sont, à proprement parler, les seules qu'expose à la concurrence étrangère le voisinage des houillères de la Belgique, dont les produits d'ailleurs semblent nous être assurés. L'importation anglaise au contraire, par ses progrès incessants, puisqu'elle tend à pénétrer de plus en plus dans l'intérieur de la France par l'intermédiaire des voies navigables qui débouchent dans l'Océan, intéresse un nombre beaucoup plus considérable d'exploitons. Dans ce débat industriel et commercial, aux consommateurs qui demandent à grands cris de la houille abondante et à bon marché viennent se joindre les chambres de commerce de nos principales villes maritimes, d'ailleurs à bon droit un a peu suspectes, puisque les intérêts qu'elles représentent ont pour base essentielle l'industrie des transports, et que par conséquent ces villes ne demandent naturellement qu'exportation et importation. La Belgique même paraît vouloir entrer dans la lice pour son propre compte, bien que sa production, si considérable eu égard à la faible étendue de son territoire, semble devoir la mettre à l'abri des envahissements de l'Angleterre en matière de combustibles minéraux [11]. Le directeur d'un des principaux charbonnages de Mons, M. Henri Jordan, prêtait récemment son concours à ses confrères français par les réflexions dont il accompagnait l'utile traduction d'une statistique de l'industrie houillère du royaume-uni. « Habituée à produire des quantités aussi considérables que celles que nous venons d'indiquer, dit M. Jordan, intéressée à conserver toujours la même activité, disposant des moyens de production les plus puissants, admirablement douée quant aux conditions naturelles, l'industrie houillère

IV. Le commerce des combustibles minéraux

anglaise sera nécessairement amenée, dans quelque année de crise, à jeter sur le continent des marchandises qui n'auront point trouvé de débouché en Angleterre, et dans les années de prospérité même il lui sera facile, toutes les fois qu'elle le jugera convenable, d'encombrer de ses produits les ports du littoral et de dicter la loi sur les marchés. » Cette seconde partie de la proposition de M. Jordan est évidemment contestable, car il est difficile d'admettre cette influence excessive de l'industrie anglaise sur une industrie similaire du continent, et elle ne comporterait réellement d'autre remède qu'une prohibition absolue des produits de la Grande-Bretagne. La première partie, à laquelle se réduisent d'ailleurs les partisans modérés du système restrictif, ne me semble pas davantage devoir être prise en considération, car on ne peut choisir une période anormale, et nécessairement de courte durée, pour base d'un système douanier. Le comité des houillères françaises fait, de son côté, allusion à une parole prononcée en 1835, dans un débat parlementaire relatif à la suppression des droits de sortie sur les houilles, par un ministre anglais qui s'était écrié que toute nation qui, pour travailler, aurait besoin de la houille anglaise serait vassale de l'Angleterre. Rappeler, comme on l'a fait trop souvent, cette parole, où se trahit l'orgueil exagéré que donne à la Grande-Bretagne le sentiment de sa prépondérance commerciale, c'est vraiment ne chercher qu'à faire vibrer un sentiment patriotique là où il faudrait ne voir qu'une question économique. On ne peut pas dire sérieusement que la France, qui produit environ les deux tiers de la houille qu'elle consomme, et qui n'emprunte à l'Angleterre, en prenant les termes de comparaison les plus défavorables, que le dixième au plus de sa consommation, puisse se trouver jamais dans un état de vassalité industrielle vis-à-vis de cette puissance. Il est bon de n'attribuer aux combinaisons de douane que les résultats qu'elles peuvent produire.

III. — CONSOMMATION DES COMBUSTIBLES MINÉRAUX.

La consommation d'une marchandise quelconque par une nation comprend naturellement trois termes, dont deux, la production indigène et l'importation étrangère, s'ajoutent l'un à l'autre, et de la somme desquels se retranche le troisième, qui est l'exportation à l'étranger. Nous connaissons maintenant ces trois termes pour les combustibles minéraux ; il nous suffit donc de les grouper dans l'ordre que j'indique pour obtenir la valeur annuelle de la consommation française. Le dernier chiffre authentique date de 1852, époque à laquelle s'arrête la plus récente publication de l'administration des mines, et il accuse 79,585,200 quintaux métriques de houille absorbés par nos industries de tout genre. La consommation houillère de la France était en 1787 de 4,035,919 quintaux métriques, en 1802 de 9,351,800, en 1814 de la même quantité ; mais depuis cette époque elle s'est graduellement accrue dans une proportion considérable : elle était en 1820 de 13,481,220 quintaux métriques, en 1830 de 24,939,448, en 1840 de 49,798,921, en 1850 de 72,252,700 ; ce dernier chiffre donne une infériorité de plus de 4 millions de quintaux métriques relativement à l'année qui a précédé la révolution de février. Le temps d'arrêt n'avait pas été, comme pour notre production, de plus d'un an à la suite de la révolution de juillet. Il semble que depuis 1852 la loi d'accroissement qui résulte de ces indications soit tout à fait modifiée, notamment pour les trois années suivantes ; les évaluations approximatives les plus récentes portent notre consommation en combustibles minéraux à 121 millions de quintaux métriques, dont le quart à peu près nous serait fourni par la Belgique, qui nous envoie à elle seule les deux tiers de l'importation étrangère, dont le dixième et le douzième environ sont expédiés respectivement par l'Angleterre et la Prusse rhénane. En même temps on évalue à 77,500,000 quintaux métriques la production indigène, ce qui lui attribuerait à peu près les cinq huitièmes de la consommation totale.

Tandis que nous ne rencontrons en France qu'une exportation insignifiante, fait que les chiffres cités plus haut expliquent suffisamment, nous ne trouvons au contraire aucune importation étrangère de houille en Belgique et dans la Grande-Bretagne. Contrairement à ce qui se passe chez nous, ces deux pays produisent beaucoup plus qu'ils ne consomment, et la France est un des principaux clients qui absorbent l'excédant de leur production, particulièrement en ce qui concerne la Belgique. Nous sommes certainement pour beaucoup» dans cet accroissement de 71 pour

IV. Le commerce des combustibles minéraux

100 qui s'est manifesté de 1845 à 1855 dans l'extraction houillère de nos voisins, car les deux cinquièmes environ de leur production appartiennent à l'importation, évaluée maintenant à 35 millions de quintaux métriques. On arrive ainsi, pour la consommation belge en combustibles minéraux, au chiffre de 50 millions de quintaux métriques, qui est relativement bien plus considérable que le nôtre, puisque le territoire de la France est vingt fois plus grand que celui de la Belgique, et que notre population est décuple de la sienne.

Nous avons heureusement des chiffres parfaitement authentiques pour la Grande-Bretagne, grâce à une publication officielle récemment faite par les soins du *Geological Survey* [12], dont le directeur, M. Murchison, constate, dans une courte introduction, l'essor prodigieux, — aux yeux des Anglais eux-mêmes, — de l'industrie houillère du royaume-uni, conséquence naturelle du développement grandiose que prend l'industrie manufacturière de ce pays. « Malgré l'excès de production que présentait l'année 1854 sur toutes les années précédentes, je trouve, dit M. Murchison, que la production du charbon en 1856 est encore supérieure à cette surprenante quantité (*surprising quantily*) ; le chiffre de 677,117,770 quintaux métriques correspond à une augmentation de 22,274,580 sur l'année 1855, et, au prix moyen de la houille sur le carreau de la mine, il représente une valeur de 410,596,550 francs. L'exportation à l'étranger, qui est de 62,182,820 quintaux métriques, s'est accrue d'une année à l'autre de près de 10 millions de quintaux métriques ; grâce à la navigation côtière et aux chemins de fer, elle a été plus active que jamais. » En défalquant l'exportation de la production, on arrive pour la consommation anglaise au chiffre énorme de 614,934,950 quintaux métriques, qui est quintuple du nôtre. On sait que l'Angleterre a une population inférieure de dix millions d'habitants à celle de la France.

Indépendamment d'une abondance toute naturelle, que nous ne pouvons qu'envier, les bassins houillers de la Grande-Bretagne rencontrent encore un puissant élément de prospérité dans une répartition également naturelle sur ce sol classique des richesses minérales. Tel bassin touche à une mer, tel autre se trouve à la fois placé sur deux mers ; les bassins du centre de l'Angleterre sont sillonnés de canaux qui amènent par la Tamise la houille jusqu'à Londres, dont la consommation est de 45 millions de quintaux métriques, quantité qui dépasse de beaucoup la moitié de notre production. On évalue à 2,500,000 âmes la population de Londres, et à 1,600,000 celle de Paris ; la capitale de la France ne consomme que 12 millions de quintaux métriques de houille, soit un peu plus du quart de la quantité brûlée dans la capitale de l'Angleterre. Outre leurs canaux navigables, qui donnent de si faciles débouchés à une matière première aussi gênante que la houille, et pour le transport de laquelle ces canaux ont été à peu près exclusivement établis, nos voisins d'outre-Manche ont encore leurs innombrables chemins de fer, dont les compagnies tentent de rivaliser avec les steamers à hélice eux-mêmes, en n'appliquant à la houille que le tarif minime, de 0 fr. 014 par tonne et par kilomètre. En 1855, le *Great Northern* seul a transporté plus de 80 millions de quintaux métriques de houille. Le cabotage, qui est presque entièrement desservi par ce commerce spécial, ne donne pas des résultats moins grandioses. À défaut de chiffres plus récents, je rappellerai que M. Talabot, rapporteur de la *commission des vœux* au conseil général des manufactures, disait le 3 janvier 1846, dans un débat sur la question du transport exclusif des houilles par bâtiments français, que le cabotage seul du charbon dépassait en Angleterre 7,700,000 tonneaux, c'est-à-dire le triple de notre cabotage entier, sur 12 millions afférents au cabotage général, et présentait un mouvement de cent mille vaisseaux, — qu'il entrait par cette voie pour la seule ville de Londres 2,900,000 tonneaux. Suivant un *reviewer* anglais que j'ai déjà eu occasion de citer[13], en un seul mois (octobre 1852), sept cent quatre-vingt-huit vaisseaux, transportant près de 255,000 tonnes de houille extraites des mines du nord, arrivaient dans la capitale de la Grande-Bretagne, et dans toute l'année les bâtiments partis du bassin de Newcastle étaient en destination de trois cent onze ports appartenant aux diverses parties du monde. « Une fois, dit ce publiciste, trois cents navires environ, chargés de charbon, furent vus, à une seule marée, sortant ensemble de l'embouchure de la Tyne et se dispersant sur l'Océan, leurs proues tournées dans presque toutes les directions, s'enfonçant profondément dans les eaux sous le poids de leur fardeau minéral, d'une bien plus grande valeur pour nous que des sables aurifères ou les mines du Mexique. » Pensée éminemment juste, car c'est réellement la houille qui, dans l'ordre industriel, assigne principalement à l'Angleterre le premier rang parmi toutes les nations du globe. On rappelait récemment ici même que, des trois éléments du grand fret maritime (coton, houille et sucre) qu'une puissance navale doit attirer à elle, indépendamment des affrètements généraux, la Grande-Bretagne possédait les deux derniers [14] : on voit quelle est la valeur de l'un de ces éléments.

En France, nos principales régions houillères sont situées dans la partie centrale, et, à l'exception de quelques lambeaux isolés et clair-semés dans le Maine, dans l'Anjou, dans la Vendée, etc., le terrain carbonifère ne se rencontre que loin de la mer. Malgré la présence de nos bassins d'origine récente au nord et à l'est, la répartition des précieux gisements est très irrégulière. Elle est en outre fort désavantageuse au point de vue capital des transports, parce que ces gisements sont pour la plupart situés dans des pays accidentés, près de fleuves irrégulièrement navigables, de sorte que les distances considérables que doivent nécessairement parcourir les produits de nos houillères avant d'atteindre les grands centres de consommation sont excessivement onéreuses. Telles sont les conditions qui, pour tout le littoral de l'Océan, rendent inévitable, en dépit même des droits protecteurs, l'alimentation de nos usines par l'Angleterre. En jetant les yeux sur la carte de l'administration des mines, où le fait se trouve mis dans la plus entière évidence, on reconnaît que le droit perçu sur les importations maritimes de combustibles minéraux pèse précisément sur les moindres consommateurs. Si l'on songe que la Belgique et l'Angleterre sont depuis longtemps sillonnées de canaux navigables et de chemins de fer, on a dans les rapprochements que suggère ce fait des indications fort nettes sur le sens dans lequel doivent tendre et tendent incessamment d'ailleurs nos efforts pour atténuer notre infériorité vis-à-vis de ces puissances. Au fond, la difficulté que présente le commerce des combustibles minéraux est plus simple que ne le ferait croire l'âpreté des luttes auxquelles il donne lieu entre les producteurs et les consommateurs, qui y apportent nécessairement une ardeur excessive en raison de l'intérêt qui pour eux s'attache à la solution de la question. Cette difficulté a été, dès 1836, indiquée avec précision et autorité par M. de Saint-Cricq, que personne n'a jamais songé à accuser d'une affection exagérée pour les doctrines du libre-échange. « La question des houilles, disait-il à la chambre des pairs, est moins une question de tarif qu'une question de transport. Nous sommes riches en mines de houille ; l'extraction n'en est pas généralement beaucoup plus chère qu'ailleurs. C'est l'insuffisance des voies de transport qui en élève le prix aux lieux de consommation, à ce point qu'un hectolitre, valant sur telle fosse 60 ou 80 centimes, revient dans tel port à 3 ou à francs. » Tel est, aux yeux même des protectionistes raisonnables, le véritable état de la question. Je ne veux donner pour preuve de l'exactitude de cette assertion au sujet des véritables limites dans lesquelles doit se circonscrire le débat que les paroles du ministre des travaux publics dans le rapport à l'empereur que j'ai déjà cité. Après avoir comparé les prix moyens du charbon sur le lieu de production et sur le lieu de consommation, après avoir reconnu que le premier est moins de la moitié du second, il ajoute : « Du fait général il résulte jusqu'à l'évidence qu'en France notre infériorité, quant au prix du combustible minéral, ne tient pas, comme on l'a dit trop souvent, à la cherté de notre extraction et à la barbarie de nos procédés ; elle tient principalement à l'insuffisance de nos voies de transport. L'on ne peut donc trop le répéter, c'est en achevant nos chemins de fer et nos canaux que nous parviendrons à donner la houille à bon marché sur tous nos grands centres industriels. » On conçoit dès lors que le gouvernement qui a tant fait pour améliorer les conditions de l'industrie nationale, en donnant une si vive impulsion à la construction de notre réseau de chemins de fer, pouvait légitimement, diminuer, comme il l'a fait en 1853, les droits qui restreignent l'importation des houilles étrangères. Loin d'admettre que, sans des droits excessifs, notre industrie houillère serait hors d'état de lutter avec celle de l'étranger, le gouvernement se place sur un autre terrain, et s'occupe des moyens de procurer à la France les conditions qui lui manquent pour rivaliser sur le pied d'égalité avec la Belgique et l'Angleterre. Il reconnaît que, pour le plus grand nombre des départements qui se font remarquer par une consommation infime de charbon minéral, l'absence de voies de communication et le prix élevé des transports sont les seules causes auxquelles ce fait doive être attribué, et il dote ces départements de voies nouvelles de transport. Notre réseau général des chemins de fer est à peu près complètement tracé, il avance rapidement. Au moment où le réseau partiel des Pyrénées

IV. Le commerce des combustibles minéraux

a été concédé, soixante-seize départements participaient déjà plus ou moins, dans le présent ou dans l'avenir, aux bienfaits du système des communications rapides. Parmi les départements déshérités se trouvaient précisément ceux que j'ai cités comme ne figurant pas dans le tableau de notre consommation de combustible minéral, et les autres n'y figuraient guère que pour mémoire.

Jusqu'à présent, il faut le reconnaître, nos chemins de fer ont surtout favorisé les importations des houilles étrangères, par suite des circonstances qui ont déterminé l'ordre de leur création et des réductions de tarif qu'ont admises certaines compagnies concessionnaires. On le comprend sans peine : tandis que nos bassins de la Loire, de Saône-et-Loire et de l'Allier sont situés à 600, 450 et 385 kilomètres de Paris, les bassins belges ne sont distants de ce grand centre industriel que de 308 kilomètres pour, celui de Mons, et de 266 pour celui de Charleroi ; les ports du Havre et de Dieppe n'en sont éloignés que de 229 et 201 kilomètres. Aussi les transports de houille par les voies ferrées n'ont-ils réellement eu lieu que pour les charbons belges et anglais, par les lignes du Nord et de Rouen, auxquelles il convient d'ajouter aussi la ligne de Forbach pour le bassin de Sarrebruck. Le transport de matières aussi lourdes et aussi encombrantes que la houille semblerait d'ailleurs devoir être l'apanage exclusif des voies navigables, et il va sans dire qu'il n'a été détourné sur les chemins de fer qu'au moyen d'un abaissement considérable du tarif afférent à cette marchandise. Ce tarif est en effet de 10 centimes par tonne et par kilomètre dans le modèle le plus récent de cahier des charges d'une concession de chemin de fer. La compagnie du Nord est la première qui ait engagé la lutte avec les canaux, en ne demandant d'abord que 0 fr. 035, puis 4 centimes ; elle a été imitée par la compagnie de l'Est, et cette tentative a été tout aussi favorable aux novateurs qu'aux consommateurs ; elle vient, un peu tard il est vrai, d'être renouvelée par la compagnie de Lyon, qui en tirera les mêmes avantages. Aucune autre compagnie n'a trouvé que son intérêt lui conseillât de prendre un semblable parti, qui amènerait une diminution très notable dans le prix de la houille, et serait par conséquent éminemment favorable aux concessionnaires de mines. Nous avons vu quelle limite atteignait le prix du transport de la houille sur les chemins de fer anglais : elle serait à la rigueur admissible pour nos chemins de fer dans le cas d'une ligne qui entrerait en concurrence avec un canal parallèle ; mais le prix de 0 fr. 015 par tonne et par kilomètre n'aboutirait pas à un bénéfice sérieux.

On le voit, la lutte engagée entre les canaux et les chemins de fer pour le transport de la houille et des marchandises semblables ne peut qu'être favorable au consommateur, puisqu'elle se traduit par des réductions de prix ; mais si les canaux présentent le grave inconvénient d'être sujets à des chômages trop fréquents en hiver ou en été, ils n'en sont pas moins les voies naturelles des transports à grande distance pour les matières lourdes et encombrantes, et d'ailleurs les prix des chemins de fer se relèveraient certainement dès que les canaux auraient été abandonnés par la batellerie. On ne doit donc pas désirer que cette lutte aboutisse à un résultat aussi radical, et on ne peut que se joindre au comité des houillères quand il réclame du gouvernement une réduction sur les droits de navigation intérieure, réduction accordée déjà sur une partie du canal du Rhône au Rhin qu'avoisine la ligne de Strasbourg à Bâle, et qui, généralisée, améliorerait certainement beaucoup les conditions de la circulation de nos produits houillers. On conçoit en effet que ces droits de péage de 1 centime par tonne et par kilomètre, c'est-à-dire constituant la moitié ou les deux tiers du fret total, soient un obstacle à la diminution de celui-ci, puisqu'ils ne peuvent participer à une réduction quelconque, alors que les frais de transport proprement dits sont bien près d'être réduits au minimum. Il faut même remarquer que les charbons anglais, pénétrant en France par la Seine, la Loire, la Gironde, c'est-à-dire par des voies navigables plus avantageuses à tous égards, se trouvent dans des conditions plus favorables que les charbons indigènes. C'est du reste affaire au gouvernement, qui est le propriétaire des canaux, de voir ce qu'exigent réellement les intérêts généraux qu'il représente : l'industrie houillère, pour être au nombre des principales victimes de l'état actuel des choses, n'est pas la seule industrie qui ait le droit de se plaindre.

En somme, on peut dire qu'en moyenne générale le prix de transport forme plus de la moitié du prix de vente des combustibles minéraux, malgré une certaine tendance à un abaissement que produit l'amélioration de nos voies de communication ; mais, si on examine en détail la situation des bassins producteurs, on trouve par exemple que plus de la moitié des cinquante départements qui consomment de la houille du bassin de la Loire la paient quatre, cinq et six fois plus cher que sur la mine ; des résultats analogues se produisent dans nos bassins du Nord et de Saône-et-Loire, qui viennent immédiatement après quant au nombre des départements qu'ils approvisionnent en totalité ou en partie. Le prix d'achat des combustibles minéraux sur le lieu d'extraction varie lui-même, on le comprend, entre des limites fort éloignées, qui dépendent de circonstances locales ; pour ne considérer que des cas extrêmes, ce prix est de 54 centimes dans l'Aveyron et de 3 francs dans le Haut-Rhin. Il n'y a qu'une différence de plusieurs centimes entre les prix de vente de nos deux grands bassins de la Loire et du Nord. Dès que la houille a parcouru 200 kilomètres sur les voies navigables, 150 sur les voies ferrées, 50 sur les voies de terre ordinaire, elle a au moins doublé de valeur. Ce résultat, que j'emprunte au comité des houillères, est la protection la plus efficace pour notre industrie des combustibles minéraux, notamment au centre de la France, alors même qu'il sera atteint par le progressif et utile envahissement de notre réseau ferré. Les frais de transport qui augmentent forcément le prix des houilles étrangères d'une manière sensible pourront abaisser celui des houilles indigènes, mais ne mettront point en péril sérieux l'industrie minérale de la France, comme on affecte de le croire. Loin d'admettre les plaintes que font entendre les intéressés, je crois au contraire qu'ils touchent de beaux bénéfices. Dans certains cas, ils savent parler de l'avenir brillant réservé à leurs entreprises, ils savent rappeler que dans quelques-unes le capital engagé a produit un intérêt excessif. Sans prendre pour type ce fameux *denier* d'Anzin, dont la valeur dépasse, dit-on, 150,000 francs, et les affaires du même genre, on peut affirmer qu'un grand nombre de compagnies minières donnent à leurs actionnaires 7 pour 100, 10 pour 100, et même plus.

Quand même l'industrie houillère, débarrassée des entraves qu'engendrait l'état arriéré de nos voies de communication, ne serait pas reconnue capable de marcher toute seule, il ne faudrait pas s'en effrayer beaucoup. La stagnation de nos mines de combustibles ne serait pas aussi préjudiciable aux intérêts généraux qu'on veut bien le dire : elle pourrait sans doute provoquer une lésion momentanée de quelques intérêts privés ; mais on doit plutôt se demander, en puisant un argument dans la nature spéciale de la' propriété souterraine, s'il ne serait pas plus prudent de laisser nos voisins épuiser leurs richesses en nous en inondant selon l'expression consacrée, si, loin de provoquer des excès d'extraction par une protection énergique, il ne serait pas plus sage de calmer nos industriels par un régime de liberté. Le comité des houillères n'est pas de cet avis, car il se demande au contraire s'il n'y a pas un grand intérêt à restreindre les importations étrangères et à développer la production indigène, s'il n'eût pas été d'une bonne économie politique de commencer par entrer dans cette voie avant d'exciter l'accroissement de la consommation, solution qui m'eût semblé difficile à faire passer de la théorie dans la pratique. Il se pose cette question : la houille doit-elle être protégée, alors même que la production est inférieure à la consommation ? Et, certain que la consommation doit se compléter pour un tiers au moyen des houilles étrangères, il se croit autorisé à répondre affirmativement. Ne serait-il pas plus logique et plus conforme aux données de l'expérience de conserver cette houille qui, déposée au sein de la terre en quantité limitée, serait toujours à notre disposition lorsque le besoin viendrait à s'en faire sentir ? Ce serait faire sur une plus grande échelle ce que font la plupart des compagnies qui possèdent plusieurs mines, comme celle des mines de la Loire ou celle des mines du Maine, qui, invoquant l'aménagement rationnel de la propriété minérale, demandent toujours à l'administration l'autorisation de fermer un certain nombre d'exploitations pour cause d'inutilité. Sur plusieurs points, on est rentré dans les travaux de nos prédécesseurs, qui n'avaient pas complètement épuisé les gîtes ; quand viendront les temps de rareté et de cherté pour la houille, nos successeurs rentreront certainement dans une partie des travaux où on a laissé dédaigneusement les charbons de médiocre qualité. Si, par suite de circonstances politiques, la Belgique ou l'Angleterre venait à nous manquer, nous retrouverions nos houillères, et le temps et les dépenses qu'exigerait la reprise de l'exploitation se trouveraient largement compensés par les économies de combustible que la France aurait faites pendant tout le temps où elle aurait tiré son approvisionnement de l'étranger.

En résumé, de tout ce que je viens d'exposer, il me semble

IV. Le commerce des combustibles minéraux

résulter que, dans la question commerciale des houilles, les droits de douane constituent une taxe mal à propos levée au détriment des consommateurs, sans qu'elle le soit toujours au profit des producteurs ; ceux-ci en effet n'oseront prétendre que le droit d'importation maritime leur est utile, puisqu'il ne représente qu'une fraction peu importante de l'énorme distance que les charbons indigènes auraient à franchir pour arriver sur les points que dessert l'importation anglaise, tandis que ce droit forme, ainsi qu'on le peut voir en le comparant au prix moyen, une fraction assez notable du prix d'achat de la houille. J'ajouterai d'ailleurs que les droits sur l'importation houillère ne sont point, à l'instar de certains impôts très productifs pour le trésor, d'une valeur telle que la suppression en puisse constituer un embarras : ils ne rapportent maintenant que 8 millions par an. Le prix de revient de la houille française n'est pas plus cher que celui de la houille anglaise ou belge ; nos mines ne peuvent suffire à notre consommation, qui croît sans cesse, qu'il serait téméraire de vouloir entraver. Toute notre industrie manufacturière est intéressée à se procurer avec abondance, et au plus bas prix possible, les matières premières qu'elle emploie, et particulièrement le combustible ; il n'y a donc aucune raison pour protéger nos houillères par une élévation des tarifs de douane. La libre entrée en France de la houille étrangère dans un avenir qui n'est vraisemblablement point éloigné, qui aura été préparé de longue main, de manière à ne pas produire de perturbation subite, me paraît un fait certain, que la pratique et la théorie s'accordent à justifier. Le gouvernement ne doit à l'industrie houillère que l'amélioration de la navigation intérieure de la France et le développement de notre réseau de chemins de fer.

Il est sans doute une question que cette étude a soulevée dans l'esprit du lecteur. Quelle est la relation qui peut exister entre le combustible végétal et le combustible minéral ? Quelles sont les quantités de carbone mises ainsi par la nature à la disposition de l'homme sous ces deux formes ? S'il est difficile de résoudre avec une approximation suffisante le problème embrassé dans toute sa généralité, il est du moins possible de savoir avec beaucoup d'exactitude quelles sont, pour la France seulement, les productions relatives en bois et en houille. Les renseignements les plus récents donnent à notre sol forestier une superficie totale de 8,488,072 hectares, ainsi partagée : domaine de l'état, 1,087,952 ; communes et établissements publics, 1,835,880 ; particuliers, 5,497,460 ; couronne, 66,780. Pour évaluer la production annuelle de nos forêts, il nous faut connaître celle qui correspond à 1 hectare placé dans les conditions diverses afférentes à chacune des catégories de propriété forestière ; or on estime que la production annuelle de l'hectare est de 4 stères 500 pour les bois de l'état et ceux de la couronne, de 4 stères 120 pour ceux des communes et des établissements publics, et de 3 stères seulement pour les bois des particuliers. Les éléments essentiels du calcul ainsi déterminés par une statistique exacte, on obtient pour la production totale des forêts de la France 29,888,166 stères. S'il ne faut pas oublier de défalquer, eu égard au but que nous nous sommes proposé, les 3,080,910 stères de bois qui sont utilisés autrement que comme combustible, il importe d'un autre côté de ne pas négliger les 13 millions de stères environ de combustible végétal produits annuellement par les pâtis, les bruyères, les landes, les plantations faites le long des voies de communication de toute nature, etc. En tenant compte de toutes les ressources de notre production indigène en bois, on arrive certainement au chiffre annuel de 40 millions de stères : or il est constaté, par la détermination du poids moyen d'un stère de bois de chauffage, par celle du pouvoir calorifique du bois, qui est à peu près la moitié du pouvoir calorifique de la houille, que le stère de bois doit être considéré comme équivalent à moins de 2 quintaux métriques de houille. Notre production en combustible végétal, représentant ainsi au maximum une production de 80 millions de quintaux métriques de combustible, minéral, peut être regardée comme à fort peu près égale à la production actuelle de toutes les houillères françaises.

Il y a donc identité complète, au point de vue tout spécial où je me place, entre les quantités de combustible fournies en France, soit par la propriété superficielle, soit par la propriété souterraine ; mais si de la production je passe à la consommation, cet équilibre est entièrement détruit, et l'on est amené à reconnaître que le combustible végétal a de nos jours une importance beaucoup moindre que celle du combustible minéral. En effet, quant au premier, l'importation est assez insignifiante, puisqu'elle ne

IV. Le commerce des combustibles minéraux

comprend que 516,660 stères, représentant du bois de chauffage, du charbon de bois et des chènevottes, tandis que pour le second l'importation ne s'élève pas à moins de 50 millions de quintaux métriques à peu près. Dans les deux cas d'ailleurs, l'exportation n'est point de nature à modifier les conclusions qui doivent être tirées de ces chiffres : de 77,630 stères dans un cas, de 1 million de quintaux métriques au plus dans l'autre, les chiffres des exportations disparaissent devant ceux des consommations ; 80 millions et 130 millions de quintaux métriques, tels sont en effet les nombres qui représentent,-— fictivement ou absolument, suivant qu'il s'agit de l'un ou de l'autre, — les consommations françaises en combustible végétal et en combustible minéral. On voit auquel de ces deux combustibles appartient l'avenir dans cette production de la chaleur, de cette « force souveraine et dirigeante qui anime tous les travaux des manufactures, disait dernièrement M. Dumas sur la tombe d'un savant, M. Péclet, qui s'est particulièrement occupé de l'étude de la chaleur, — de la force qui d'un côté donne la vie à toutes leurs machines, qui de l'autre met en mouvement, dans les foyers des usines chimiques ou métallurgiques, toutes les matières qu'elles produisent ou transforment pour nos besoins. »

Dans le même ordre d'idées, je ne dois point omettre un enseignement curieux qui ressort tout naturellement de la comparaison des chiffres que je viens de citer avec des chiffres analogues publiés, il y a vingt ans, par l'administration des mines en tête d'une notice sur la production et la consommation des combustibles minéraux en France. En 1837, époque à laquelle on supposait déjà à tort une importance relative beaucoup trop grande au combustible végétal, l'étendue du sol forestier était un peu supérieure ; il en était de même de la production du bois et de la consommation du combustible végétal. Bref, cette source première de chaleur est restée sensiblement stationnaire, tandis que, depuis vingt ans, les chiffres relatifs au combustible minéral ont cru dans des proportions considérables. Ainsi la production en 1857 est deux fois et demie au moins ce qu'elle était en 1837, et pendant cet intervalle la consommation a certainement triplé. C'est que le bois est à la fois cher et d'un usage peu commode, tandis que l'homme trouve dans la houille un énergique moyen d'action qui répond à tous les besoins de l'industrie. Grâce à la houille, l'homme, qui a bien vite exténué les animaux, qui ne trouve dans l'agitation naturelle de l'air qu'un moteur élémentaire, dans l'eau qu'un moteur irrégulier, également paralysé durant l'hiver et durant l'été, et dont il ne peut se servir que là où la Providence l'a placée, grâce à la houille, dis-je, l'homme a su faire de la vapeur le levier de l'industrie moderne. Je ne voudrais cependant pas qu'on tirât de mes paroles cette conclusion, que l'humanité me semble destinée à déchoir le jour où la houille lui fera défaut. Il n'est douteux pour personne que l'homme ne sache un jour remplacer la chaleur par un nouveau moteur, comme il a remplacé par elle les moteurs animés, l'air et l'eau, dont il a successivement su tirer un si merveilleux parti. Déjà même la force mystérieuse de l'électricité ne s'apprête-t-elle pas à détrôner le charbon et la vapeur d'eau ?

NOTES

1. Je ne dois pas omettre de faire observer que je ne considère partout que la partie principale du droit, et que j'ai laissé de côté la partie accessoire, — qui en 1790 ne s'élevait pas à moins de la moitié de celle-ci, — attendu qu'elle est relative aux impôts de toute nature sans distinction.

2. Voyez la livraison du 1er novembre 1857.

3. Je laisse à dessein de côté le cas, le plus fréquent toutefois, où l'importation maritime s'opère par des navires étrangers ; on sait qu'alors il y a une surtaxe de navigation, on sait aussi que, pour avoir la valeur complète d'un droit d'entrée quelconque, il faut ajouter un décime par franc à la somme indiquée dans le tarif.

4. Recueil historique et alphabétique sur l'exploitation des mines de charbon de terre et de houille, avec les dispositions concernant les droits, par M. Bruyard, premier commis de M. Trudaine, 2 vol. in-4°, 1756-1760.

5. La Liberté du commerce et les Systèmes de douanes, — les Houilles et les Fers, livraison du 15 janvier 1847.

6. Voici en effet les valeurs moyennes du quintal métrique de houille pour les années que je me suis toujours attaché à considérer : en 1814, le prix était de 1 fr. 7 cent. ; en 1820, de 1 fr. 5

IV. Le commerce des combustibles minéraux

cent. ; en 1830, 1840 et 1850, 98 centimes ; en 1852, de 95 centimes ; durant ces périodes décennales, les variations ne paraissent obéir à aucune loi qui autorise des conclusions formelles.

7. En 1811, la France exportait 300,000 quintaux métriques de houille, en 1820 264,555 quint. met., en 1830 60,117 q. m., en 1840 378,305 q. m., en 1850 415,500 q. m., et en 1856 994,956 q. m. On verra plus loin les quantités considérables qu'exportent, particulièrement en France, la Belgique et surtout l'Angleterre.

8. La progression des importations houillères du bassin de Sarrebruck se déduit des chiffres suivants : en 1811, 250,000 quintaux métriques ; en 1820, 278,143 quint, met. (nombre très inférieur à ceux qui le précèdent et qui le suivent dans la série) ; en 1830, 753,419 quint. met. ; en 1840, 1,607,790 q. m. ; en 1850, 2,772,800 q. m. À partir de cette époque, l'existence des sections de chemins de fer qui ont successivement relié ce bassin aux départements qu'il approvisionne a rapidement accru les importations, qui ont bientôt atteint les chiffres annuels de 6, 8 et 10 millions de quintaux métriques.

9. Voici du reste, pour la période que je considère dans tout le cours de cette étude, les chiffres relatifs à l'importation des houilles belges : en 1811, la Belgique nous a envoyé 950,000 quintaux métriques de houille ; en 1820, 2,272,132 quint. met. ; en 1830, 5,108,065 quint. met. ; en 1840, 7,486,002 q. m. ; en 1850, 19,531,900 q. m. ; en 1857, 32 millions de quint. métriq. Durant les trois dernières années, l'importation belge est restée stationnaire.

10. Les chiffres qui peuvent donner une idée de l'importation des charbons de la Grande-Bretagne sont les suivants : en 1814, 113,923 quintaux métriques ; en 1820, 251,194 q. m. ; en 1830, 511,289 q. m. ; en 1840, 3,807,739 q. m. ; en 1850, 6,024,100 q. met. ; en 1855, 8,813,390 q. m. La modification apportée en 1853 aux droits d'entrée sur la houille étrangère n'a pas eu d'effet immédiat, par suite de l'influence de la guerre de Crimée sur le prix du fret ; mais l'action s'en est fait sentir aussitôt après le rétablissement de la paix.

11. La discussion récente à la chambre des représentants belges d'un projet de loi relatif au transit a été marquée par un incident qui montre combien et à quel titre réel la bouille anglaise préoccupe

nos voisins. Le gouvernement proposait de mettre sur les charbons un droit de transit de 17 centimes par quintal métrique, et la section chargée de l'examen du projet de loi demandait par amendement la suppression de tout droit, en raison de la voie détournée que serait obligée de prendre une marchandise britannique pour se rendre dans le nord de la France par la Belgique, et de la quantité minime des nouilles qui pourraient ainsi transiter. Le gouvernement, par l'organe du ministre des finances, et alors que le ministre des affaires étrangères votait en faveur de l'amendement, a répondu que le droit de transit devait être maintenu tant que le régime des zones serait en vigueur en France. Bref, l'amendement n'a été rejeté que par 44 voix contre 35, alors que l'ensemble du projet était adopté par 71 voix contre 3.

12. Minerai Statistic of the united Kingdom of Great Britain and Ireland for the year 1856, by Robert Hunt, 1857, published by order of the lords commissionners of her majesty's treasury.

13. The British Quarterly Review, 1 january 1857.

14. Les Colonies françaises depuis l'Abolition de l'Esclavage, par M. R. Lepelletier Saint-Rémy, livraison du 1er janvier 1858.

ISBN : 978-1987639322

www.ingramcontent.com/pod-product-compliance
Lightning Source LLC
Chambersburg PA
CBHW052205220526
45471CB00004B/1826